Lernstandserhebung Deutsch

Anforderungsstufe B
Jahrgangsstufe 8
Nordrhein-Westfalen

Erarbeitet von
Birgit Patzelt

Illustriert von
Friederike Abla

Inhaltsverzeichnis

Zur Arbeit mit diesem Heft 3

1. Training Grundfertigkeiten 4–22

Zu Leseverstehen und Reflexion über Sprache 4
Aufgaben verstehen 4
Sachtexte lesen und verstehen 6
    – Grundfertigkeiten üben 6
    – Grundfertigkeiten anwenden 8
Tabellen und Diagramme auswerten 10
    – Grundfertigkeiten üben 10
    – Grundfertigkeiten anwenden 13
Erzähltexte lesen und verstehen 14
    – Grundfertigkeiten üben 14
    – Grundfertigkeiten anwenden 15
Gedichte lesen und verstehen 16
    – Grundfertigkeiten üben 16
    – Grundfertigkeiten anwenden 17
Richtig schreiben 18
    – Tipps zur Fehlerkorrektur 18

Zum Schreiben 19
Einen Text schreiben 19
Den eigenen Text überarbeiten 22

2. Training Lernstandserhebungen 23–48

Nützliche Tipps für den Test 23

Lernstandserhebung: „Computerwelten" 24
Leseverstehen und Reflexion über Sprache 24
Richtig schreiben 33
Schreiben 35

Lernstandserhebung: „Rund ums Geld" 36
Leseverstehen und Reflexion über Sprache 36
Richtig schreiben 45
Schreiben 48

Zur Arbeit mit diesem Heft

Liebe Schülerin, lieber Schüler,

mit diesem Heft wollen wir dir bei der Vorbereitung auf die Lernstandserhebung im Fach Deutsch in der 8. Klasse helfen.
Du lernst viele unterschiedliche Aufgaben kennen, die in der Lernstandserhebung vorkommen können, und kannst wichtige Arbeitstechniken üben, die du zur Lösung der Aufgaben brauchst.
Darüber hinaus hast du die Möglichkeit, dich anhand von zwei konkreten Beispielen in die Prüfungssituation zu versetzen und diese zu trainieren.

Aufbau des Heftes

In **Teil 1 „Training Grundfertigkeiten"** kannst du Fertigkeiten üben und anwenden, die du brauchst, um die Aufgaben in den Bereichen „Leseverstehen und Reflexion über Sprache", „Richtig schreiben" und „Schreiben" lösen zu können.

Du erfährst,
– welche Aufgabenarten dich erwarten,
– wie du Multiple-Choice-Aufgaben löst,
– wie du Fragen zum Text beantwortest,
– wie du Tabellen und Diagramme auswertest,
– wie du einem Text Informationen entnimmst,
– wie du unbekannte Begriffe erklärst,
– wie du Sätze mit ähnlicher Bedeutung im Text wiedererkennst,
– wie du sprachliche Mittel untersuchst,
– wie du zu einem Text Stellung nehmen oder die Stellungnahme eines anderen zum Text beurteilen kannst,
– wie du deinen eigenen Text überarbeiten kannst
und vieles andere mehr.

Blau unterlegte Felder markieren **Tipps,** die dir bei der Lösung der Aufgaben helfen, z. B.:

| TIPP
| Wenn du unsicher bist, **schau** noch einmal **in den Text** auf Seite 6.

In **Merkkästen** werden in knapper Form wichtige Kenntnisse zusammengefasst oder Schritte vorgeschlagen, die du bei der Lösung der Aufgaben gehen kannst, z. B.:

> **Tabellen richtig lesen**
> In Tabellen und Diagrammen werden Ergebnisse von statistischen Erhebungen oder Umfragen auf einen Blick dargestellt und miteinander verglichen. Das Thema wird in einer Überschrift genannt.
> **Tabellen** enthalten Fakten, z. B. zu den befragten Personen, und Zahlen, die entweder absolut oder in Prozenten angegeben werden. Oft werden zusätzliche Informationen gegeben, z. B. das Jahr der Erhebung oder Umfrage oder die Anzahl der befragten Personen.

In **Teil 2 „Training Lernstandserhebungen"** erhältst du zunächst **nützliche Tipps** für den Test, z. B. zur Zeiteinteilung oder zum Umgang mit schwierigen Aufgaben.
Im Anschluss daran kannst du selbstständig **Prüfungsaufgaben** trainieren, wie sie dich in der Lernstandserhebung erwarten.

Das Material in diesem Heft eignet sich sowohl für die Arbeit im Klassenverband als auch für deine selbstständige Vorbereitung.

Mithilfe der Beilage **„Lösungsheft"** kannst du deine Ergebnisse überprüfen und – wenn nötig – korrigieren. Die Lösungsbeispiele im Bereich „Schreiben" unterbreiten Vorschläge zur eigenen Textproduktion.

Und nun viel Erfolg bei der Vorbereitung auf die Lernstandserhebung!

1 TRAINING GRUNDFERTIGKEITEN

ZU LESEVERSTEHEN UND REFLEXION ÜBER SPRACHE

AUFGABEN VERSTEHEN

Du weißt, in Lernstandserhebungen wird mithilfe von Aufgaben festgestellt, wie gut du einen Sachtext, einen Erzähltext, ein Gedicht, eine Tabelle oder ein Diagramm verstehst.
Schau dir die folgenden Beispiele genau an. Solche und ähnliche Aufgaben werden dir gestellt.

■ **Du sollst aus verschiedenen Antworten die richtige herausfinden, z. B.:**

Kreuze die richtige Antwort an.

Köln liegt …

a) ☐ an der Donau   c) ☒ am Rhein

b) ☐ in Hessen   d) ☐ im Gebirge

■ **Du sollst herauszufinden, ob eine Aussage zutrifft oder nicht, z. B.:**

Sind die folgenden Aussagen zutreffend oder nicht? Kreuze an.

		trifft zu	trifft nicht zu
a)	Köln hat einen Dom.	X	
b)	Köln liegt am Meer.		X
c)	Köln ist eine Stadt in Nordrhein-Westfalen.	X	
d)	Köln ist Landeshauptstadt.		X

■ **Du wirst nach deiner Meinung gefragt und sollst sie begründen, z. B.:**

*Jemand sagt: „Köln ist langweilig." Stimmst du der Meinung zu oder nicht?
Kreuze an und begründe deine Antwort.*

☐ Ja, weil …   ☒ Nein, weil …

__… in Köln immer was los ist. Viele interessante Menschen leben hier, die tolle Kunst- und__

__Musikprojekte durchführen. Außerdem gibt es hier den angesagtesten Fußballklub von NRW.__

■ **Du sollst in einem Lückentext inhaltliche Details ergänzen, z. B.:**

Füge die folgenden Wörter an der jeweils passenden Stelle in den Satz ein.

Rhein – Deutschland – beliebtesten – Großstadt

Köln, die pulsierende __Großstadt__ am __Rhein__, gehört zu den __beliebtesten__ Orten in __Deutschland__.

■ **Du wirst nach der Bedeutung eines Begriffs oder einer Redewendung gefragt, z. B.:**

Erläutere die Redewendung „sich mit fremden Federn schmücken" mit eigenen Worten.

__Diese Redewendung bedeutet, dass jemand eine Leistung als seine eigene ausgibt, obwohl er__

__sie nicht selbst erbracht hat.__

AUFGABEN VERSTEHEN

■ Du sollst die Textsorte bestimmen, z. B.:

Kölner Dom, der, offizieller Name *Hohe Domkirche St. Peter und Maria,* 157 m Höhe, damit zweithöchste Kirche in D., drittgrößte gotische Kathedrale der Welt, 11 Glocken; nach einigen Vorläufern wurde 1248 mit dem Bau des Doms in seinem heutigen Grundriss begonnen, 1880 wurde er beendet; jährlich bis zu 6 Mio. Besucher

Kreuze die richtige Antwort an.

Bei dem Text über den Kölner Dom handelt es sich um ...

a) ☐ ... einen Zeitungsartikel.   c) ☐ ... eine Bildunterschrift.

b) ☒ ... einen Lexikoneintrag.   d) ☐ ... ein Gedicht.

Auch deine Kenntnisse in Grammatik werden in Lernstandserhebungen überprüft. Folgende Aufgaben sind möglich.

■ Du sollst die Satzart bestimmen, z. B.:

Kreuze die richtige Antwort an.

Der Satz „Ist Köln eine Kultstadt?" ist ...

a) ☐ ... ein Aussagesatz.   c) ☐ ... ein Aufforderungssatz.

b) ☒ ... ein Fragesatz.   d) ☐ ... ein Befehlssatz.

■ Du sollst die Zeitform bestimmen, in der ein Prädikat steht, z. B.:

Bestimme die Zeitformen der Prädikate in den folgenden Sätzen.   **Zeitform des Prädikats**

Bislang **hat** jeder **geglaubt,** dass fast alle Kölner katholisch sind.   _Perfekt_

Dabei **sind** nur 41 % der Einwohner Katholiken.   _Präsens_

Um 1900 **war** Köln das bedeutendste Bistum in Deutschland.   _Präteritum_

■ Du sollst die Aussageweise (Modus) eines Verbs bestimmen und begründen, warum sie verwendet wurde, z. B.:

Tina sagte, sie **sei** von Köln enttäuscht.

a) *Welcher Modus wird in diesem Satz verwendet? Kreuze an.*

☐ Indikativ (Wirklichkeitsform)   ☐ Konjunktiv II (Möglichkeitsform II)

☒ Konjunktiv I (Möglichkeitsform I)   ☐ Imperativ (Befehlsform)

b) *Kreuze die richtige Antwort an.*

Die Aussageweise wurde verwendet, um auszudrücken, dass die Aussage ...

a) ☐ ... nicht stimmt.   c) ☐ ... nur eine Vermutung ist.

b) ☒ ... von einem anderen wiedergegeben wird.   d) ☐ ... nicht ernst gemeint ist.

Um nach dem Lesen eines Textes solche und ähnliche Aufgaben lösen zu können, musst du eine Reihe von Grundfertigkeiten beherrschen. Diese kannst du im Folgenden trainieren und anschließend an Beispielen kontrollieren, inwieweit du die vorgestellten Aufgabentypen lösen kannst.

Sachtexte lesen und verstehen

Grundfertigkeiten üben

> **Einen Sachtext lesen und verstehen**
> Beim Lesen und Verstehen eines Sachtextes sind folgende **Arbeitsschritte** wichtig:
> – Überschrift und Text aufmerksam lesen
> – das Thema erfassen
> – Schlüsselbegriffe oder Textstellen markieren, die der Beantwortung von W-Fragen dienen
> – den Inhalt des Textes mithilfe von W-Fragen erschließen
> – unbekannte Begriffe klären
> – den Text in Sinnabschnitte gliedern und Zwischenüberschriften finden
> – sprachliche Merkmale untersuchen

1 Lies den folgenden Text aufmerksam durch.

Silvia Kotulski: **Für Peter ist Karneval einfach nur ein Spaß**

Düsseldorf. Helau, Helau! Dieser Ausruf wird in den kommenden Tagen wieder oft zu hören sein. Von Altweiber bis zum Veilchendienstag heißt es dann: feiern, verkleiden und flirten, was das Zeug hält. Doch nicht alle können sich mit der jecken Kultur anfreunden, sie sehen Karneval eher als Qual anstatt als Freuden-
5 fest an. „Jugend und Zeitung" (JUZ) ging dieser Sache auf den Grund und befragte Düsseldorfer Jugendliche zum Thema Karneval. Bei einem Punkt sind sich alle einig: Es gibt keinen anderen Anlass, an dem ausgelassener und hemmungsloser gefeiert wird als an diesen sechs Tagen.
  Aber aus welchem Grund feiern wir Karneval? Fest steht, dass dieser Brauch bis
10 ins Mittelalter zurückgeht. Der Straßenkarneval diente damals als Sprachrohr für die Bevölkerung, durch das sie Kritik an Regierung oder Kirche loswerden konnte. Ein anderer Grund war die bevorstehende österliche Fastenzeit, vor der es noch einmal kräftig zu feiern galt. Bis auf das kräftige Feiern verbinden die Leute heute meist nicht mehr viel mit dem traditionellen Karneval.
15 Als idealen Treffpunkt für Singles sieht der 17-jährige Peter den feuchtfröhlichen Trubel: „Für mich ist es einfach nur Spaß. Die Mädels sind viel lockerer, da nutze ich natürlich die Gelegenheit." Weniger zweideutige Absichten haben da Marc (19) und Julia (18): „Uns gefällt, dass man für ein paar Tage einfach mal den Alltag vergessen kann." Nina (14) schätzt die allgemeine Atmosphäre: „Am
20 besten gefällt mir der Rosenmontagszug, letztes Jahr war ich auch schon da, und die Stimmung war einfach geil."
  Allerdings gibt es auch Jugendliche, die dem Karnevalstrubel nicht viel Gutes abgewinnen können. So ist der 20-jährige Jörg genervt von dem ganzen Jeckentum und spricht von „aufgesetzter Fröhlichkeit". Lisa (18) betont, was es heißt,
25 sich als Mädchen in das riesige Getümmel zu stürzen: „Ich hab keine Lust, fünf Meter durch die Stadt zu rennen und dabei gleich von 100 besoffenen Typen blöd angemacht zu werden." Als unnötige Gelegenheit, sich zu betrinken, sehen es Kathrin (17) und Philipp (19): „Die benehmen sich so, als gäbe es nicht noch 364 andere Tage im Jahr."
30 Philipp hat eine Alternative für das unumgängliche Karnevalswochenende gefunden: „Freitag bin ich im *Tor 3*. Da gibt's ein Punkrock-Konzert unter dem Motto *United against Karneval*." Andere Tipps, um die Tage möglichst karnevalfrei zu überstehen, hat die 15-jährige Steffi: „Auf jeden Fall die Stadt meiden! Am Wochenende einfach zu Hause bleiben oder mit Freunden einen DVD-
35 Abend machen! Kino wäre auch eine Möglichkeit." […]

SACHTEXTE LESEN UND VERSTEHEN

2 *Worum geht es in dem Text? Formuliere das Thema mit eigenen Worten.*

_____

3 *Beantworte die folgenden W-Fragen stichpunktartig.*

Was steht im Mittelpunkt des Textes?

_____

> **TIPP**
> **Lies** den Text auf Seite 6 gründlich **Satz für Satz** mit einem **Stift in der Hand**. Markiere die Textstellen, die Antwort auf die W-Fragen geben.

Wo und **wann** hat die Autorin sich umgesehen?

_____

Welches ist die Hauptaussage des Textes?

_____

Wer kommt zu Wort?

_____

Wie äußern sich zwei der Personen zum Thema?

_____

_____

4 *Im Text wird von „Fastenzeit" gesprochen. Erläutere mit eigenen Worten, was man darunter versteht.*

_____

_____

> **TIPP**
> Wenn du es nicht genau weißt, nimm ein **Wörterbuch** zu Hilfe.

5 *Der Text auf Seite 6 ist in fünf Sinnabschnitte gegliedert. Formuliere Zwischenüberschriften für diese Abschnitte. Schreibe sie jeweils auf die Linien daneben.*

6 *Suche zu jedem der beiden folgenden Sätze einen Satz im Text, der Ähnliches aussagt. Markiere den Satz, schreibe ihn heraus und notiere in der Klammer die Zeilen, in denen er steht.*

Der Karneval ist, was das Feiern angeht, mit keinem anderen Ereignis zu vergleichen.

> **TIPP**
> Überlege: Was ist die **Hauptaussage** des Satzes? Lies den Text anschließend überfliegend, bis du den Satz gefunden hast, der Ähnliches aussagt.

_____

_____ (Z.: _____)

Karneval, wie er früher war, findet sich heute nur noch im ausgiebigen Feiern wieder.

_____

_____ (Z.: _____)

7

Zu Leseverstehen und Reflexion über Sprache

Grundfertigkeiten anwenden

Nachdem du nun verschiedene Grundfertigkeiten geübt und dabei dem Text wichtige Informationen entnommen hast, solltest du die folgenden Aufgaben lösen. Sie könnten Teil einer Lernstandserhebung sein.

1 *Wie wird der Karneval im Text beurteilt?*
Kreuze die richtige Antwort an.

a) ☐ positiv

b) ☐ negativ

c) ☐ unterschiedlich

2 *Wie lauten die Sätze? Fülle die Lücken aus.*

Im Text auf Seite 6 wurde der bevorstehende Karneval zum Anlass genommen, eine _____ unter Jugendlichen in Düsseldorf durchzuführen. Dabei kam heraus, dass sich nicht alle mit der _____ anfreunden können. Während die einen einfach nur den _____ vergessen wollen, sind andere _____ vom Jeckentum. Ein guter Tipp, wie man die Tage _____ überstehen kann, ist:

die Stadt _____ und mit Freunden _____.

> **TIPP**
> Wenn du unsicher bist, **schau** noch einmal **in den Text** auf Seite 6.

3 *Treffen die folgenden Aussagen zu? Kreuze an.* trifft zu trifft nicht zu

a) Karneval war früher Anlass, vor der österlichen Fastenzeit noch einmal richtig zu feiern. ☐ ☐

b) Auch heute verbindet die Menschen noch immer viel mit dem traditionellen Karneval. ☐ ☐

c) Es gibt keine Möglichkeit, sich dem Karnevalstrubel zu entziehen. ☐ ☐

4 Der Text enthält eine Reihe von Meinungsäußerungen, z. B.:

„Die benehmen sich so, als gäbe es nicht noch 364 andere Tage im Jahr." (Z. 28 f.)
„Für mich ist es einfach nur Spaß. Die Mädels sind viel lockerer, da nutze ich natürlich die Gelegenheit." (Z. 16 f.)

Kreuze die richtige Antwort an.

Die Zitate zeigen, dass …

a) ☐ … Karneval unter Jugendlichen umstritten ist.

b) ☐ … manche Jugendliche anderen den Spaß am Karneval nicht gönnen.

c) ☐ … man nicht jedem glauben darf.

d) ☐ … die Jugend sich über den Karneval einig ist.

5 *Gib zwei weitere Stellen an, in denen Meinungen geäußert werden.*

Zeilen: _____

SACHTEXTE LESEN UND VERSTEHEN

6 *Im Text ist von harmlosem Flirten und von blöder Anmache die Rede. Erkläre den Bedeutungsunterschied.*

TIPP
Du kannst auch ein **Wörterbuch** zu Hilfe nehmen.

flirten: _____

_____

_____

anmachen: _____

_____

_____

7 *Der 20-jährige Jörg ist genervt vom Karneval und spricht von „aufgesetzter Fröhlichkeit". Was ist damit gemeint? Kreuze die richtige Antwort an.*

a) ☐ Masken, die lachende Gesichter zeigen

b) ☐ offenes Lachen, das von Herzen kommt

c) ☐ jemanden auslachen

d) ☐ lautes Lachen, das nicht von Herzen kommt

8 *Im Text werden unterschiedliche Stimmen zum Karneval zitiert. Wie siehst du die „närrische Zeit"? Suche eine positive und eine negative Meinung heraus, äußere dich zustimmend bzw. ablehnend und begründe deine Ansicht.*

Ich stimme der Aussage von _____ zu, weil _____

_____

_____

_____

Der Meinung von _____ möchte ich widersprechen, denn _____

_____

_____

_____

9 *Warum kann der Text nicht in einem Reiseführer erscheinen? Nenne wenigstens zwei Gründe.*

_____

_____

_____

Zu Leseverstehen und Reflexion über Sprache

Tabellen und Diagramme auswerten

Grundfertigkeiten üben

Tabellen richtig lesen
In Tabellen und Diagrammen werden Ergebnisse von statistischen Erhebungen oder Umfragen auf einen Blick dargestellt und miteinander verglichen. Das Thema wird in einer Überschrift genannt. **Tabellen** enthalten Fakten, z. B. zu den befragten Personen, und Zahlen, die entweder absolut oder in Prozenten angegeben werden. Oft werden zusätzliche Informationen gegeben, z. B. das Jahr der Erhebung oder Umfrage oder die Anzahl der befragten Personen.

Umfrage zum Abschneiden der deutschen Nationalmannschaft bei der Fußball-WM 2006
1234 Befragte, davon 608 Frauen und 626 Männer

	Angaben in %	
Die Deutschen ...	**Männer**	**Frauen**
... fliegen in der Vorrunde raus.	6	18
... kommen ins Achtelfinale.	11	15
... kommen ins Viertelfinale.	22	25
... kommen ins Halbfinale.	25	20
... kommen ins Finale.	18	14
... werden Weltmeister.	18	8

1 Welcher Sachverhalt wird in der Tabelle dargestellt?

_____

TIPP
Schau dir die **Überschrift** genau an.

2 Welche unterschiedlichen Informationen enthalten die drei Spalten?

linke Spalte: _____

Mittelspalte: _____

rechte Spalte: _____

3 Was erwartet die Mehrzahl der Männer? _____

4 Was erwartet die Mehrzahl der Frauen? _____

5 Wo liegen die größten Unterschiede in den Angaben von Frauen und Männern?

_____

6 Wo liegen die größten Gemeinsamkeiten in den Angaben von Frauen und Männern?

_____

Tabellen und Diagramme auswerten

> **Diagramme auswerten**
> Es gibt verschiedene Arten von Diagrammen. Die Zahlenwerte können in einem Kreis, als Balken, Säulen oder Linien angeordnet sein.
> In **Kreisdiagrammen** wird nur ein Aspekt einer Befragung dargestellt. Die Summe aller Werte muss 100 % ergeben.
> In **Säulen- und Balkendiagrammen** können sowohl mehrere Personengruppen als auch verschiedene Aspekte einer Frage gleichzeitig dargestellt werden.
> **Liniendiagramme** zeigen zeitliche Entwicklungen an.

Kreisdiagramm

Wie sehr sind Sie an Fußball interessiert?

- sehr stark 33 %
- stark 26 %
- weniger stark 25 %
- überhaupt nicht 14 %
- weiß nicht/keine Angabe 2 %

Balkendiagramm

Wie passen Sie Ihren Alltag an die Fußballspiele an?

- 76 % bin bei den Spielen oft mit Freunden zusammen
- 46 % gehe zum Fußball-Gucken in die Kneipe
- 18 % verschiebe berufliche Termine
- 12 % nehme bei wichtigen Spielen extra frei
- 5 % weiß nicht/keine Angabe

Säulendiagramm

Welche Spiele verfolgen Sie regelmäßig?

Männer / Frauen
- alle Spiele der 1. Bundesliga: 52 % / 14 %
- die Spiele meiner Fan-Mannschaft: 69 % / 28 %
- Europa- und Weltmeisterschaften: 87 % / 42 %

Liniendiagramm

Immer mehr Menschen verfolgen die Weltmeisterschaft im Fernsehen. Beschreibe die Entwicklung.

(Männer, Gesamt, Frauen; 1990–2006)

7 Die folgenden Fragen helfen dir, Diagramme auszuwerten. Überlege, in welchen Schritten du vorgehen musst, und schreibe die Fragen in geordneter Reihenfolge in die rechte Spalte.

ungeordnet	geordnet
– Welche Größen (z. B. Jahreszahlen, Prozente, Millionen) werden angegeben? – Welcher Sachverhalt oder welche Entwicklung wird dargestellt? – Zu welchem Ergebnis kommt man, wenn man die Werte miteinander vergleicht? – Um welches Thema geht es?	1. 2. 3. 4.

Tabellen und Diagramme in Kombination mit Texten
Eine Tabelle oder ein Diagramm wird oft in Kombination mit einem Text verwendet. Dieser kann die Informationen der grafischen Darstellung wiedergeben, ihre Bedeutung erläutern und kommentieren.

Jobben für Freizeit und Freiheit

Durchschnittlicher monatlicher Nebenverdienst der 13- bis 22-Jährigen in Euro im Jahr 2003

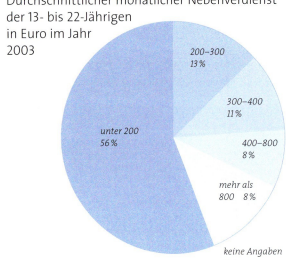

Über ein Viertel der 13- bis 22-jährigen Jugendlichen in Deutschland jobbt nebenbei, um über mehr finanziellen Spielraum in der Freizeit zu verfügen und finanziell unabhängig von den Eltern zu sein. Ein wichtiger Grund ist auch die Finanzierung des Urlaubs, gefolgt vom Kauf eines Autos oder dem Unterhalt einer Wohnung. So jobben sie neben Schule, Uni, Lehre oder Beruf. Gut über die Hälfte der nebenbei arbeitenden Jugendlichen verdient monatlich unter 200 Euro. Dies sind vor allem Jugendliche im Alter von 13 bis 17 Jahren. Fast ein Viertel der Befragten kommt auf ein monatliches Nebeneinkommen von 200 Euro bis zu 400 Euro. Und 16 % freuen sich über 400 Euro bis 800 Euro und mehr.
Am beliebtesten sind Tätigkeiten bei Dienstleistern wie Post oder Supermärkten. Zeitungen austragen wird von den Jüngsten unter den Jobbern geschätzt.

8 Betrachte zunächst nur das Kreisdiagramm. Was wird darin grafisch dargestellt?

9 Welche Zahlen kannst du dem Kreisdiagramm entnehmen?

10 Welcher Altersgruppe gehören die Befragten an?

11 Wie viel Prozent der Befragten haben den höchsten Nebenverdienst? Wie viel den niedrigsten?

12 Bestehen große Unterschiede zwischen den Nebenverdiensten? Begründe anhand des Diagramms.

TABELLEN UND DIAGRAMME AUSWERTEN

Grundfertigkeiten anwenden

1 *Schau dir nun Kreisdiagramm und Text auf Seite 12 im Zusammenhang an. Trifft die folgende Aussage auf beide zu oder nicht? Kreuze an.*

	trifft zu	trifft nicht zu
Man erfährt, wie viel Jugendliche durchschnittlich im Monat nebenbei verdienen.	☐	☐

2 *Was ist die zentrale Aussage des Textes? Kreuze die richtige Antwort an.*

a) ☐ Jugendliche müssen neben Schule, Uni, Lehre oder Beruf jobben, um ihre Eltern zu unterstützen.
b) ☐ Die Hälfte aller Jugendlichen in Deutschland arbeitet nebenbei.
c) ☐ Viele Jugendliche jobben, um finanziell unabhängig zu sein und sich Urlaub, Auto, Freizeitgestaltung oder Wohnung leisten zu können.
d) ☐ Bei Dienstleistern wie Post oder Supermärkten verdient man am meisten.

3 *Kreuze die richtige Antwort an.*

Das Kreisdiagramm zeigt …

a) ☐ …, wie viel Prozent der 13- bis 22-Jährigen in der Freizeit jobben.
b) ☐ … den durchschnittlichen monatlichen Nebenverdienst von Jugendlichen im Jahr 2003.
c) ☐ …, dass sich Jobben in der Freizeit lohnt.
d) ☐ …, wie beliebt Freizeitjobs sind.

4 *Schau dir das Kreisdiagramm noch einmal genau an. Treffen die folgenden Aussagen zu oder nicht? Kreuze an.*

	trifft zu	trifft nicht zu
a) 56 % der Jugendlichen haben keinen Job.	☐	☐
b) 8 % verdienen mehr als 800 Euro.	☐	☐
c) 11 % der jobbenden Jugendlichen verdienen zwischen 400 und 800 Euro im Monat.	☐	☐
d) 13 % verdienen zwischen 200 und 300 Euro im Monat.	☐	☐

5 *Trifft die folgende Aussage zu oder nicht? Kreuze an.*

	trifft zu	trifft nicht zu
Das Kreisdiagramm bildet nur einen Teil der Textaussage ab.	☐	☐

6 *Stell dir vor, du sollst in der Schülerzeitung einen Artikel zum Thema „Die wachsende Kaufkraft von Kindern und Jugendlichen" schreiben. Wäre es sinnvoll, dabei den Artikel und das Diagramm zu verwenden? Kreuze an und begründe deine Meinung in mindestens zwei Sätzen.*

☐ Ja, weil …   ☐ Nein, weil …

_____

_____

_____

Erzähltexte lesen und verstehen

Grundfertigkeiten üben

Einen Erzähltext lesen und verstehen
Um einen Erzähltext zu verstehen, musst du zunächst den **Inhalt erschließen.** Das heißt, du versuchst mithilfe von W-Fragen, die handelnden Personen, Ort und Zeit der Handlung und den Ablauf des Geschehens zu erfassen. Anschließend gehst du daran, die **erzählerischen Merkmale herauszuarbeiten.** Dazu gehören z.B. Titel und Thema der Erzählung, Erzählperspektive (Ich-/Er-Erzähler), Figurencharakteristik, Figurenkonstellation (Beziehungen der Figuren zueinander) sowie sprachliche Gestaltungsmittel.

Paul Watzlawick: **Die Geschichte mit dem Hammer**

Ein Mann will ein Bild aufhängen. Den Nagel hat er, nicht aber den Hammer. Der Nachbar hat einen. Also beschließt unser Mann, hinüberzugehen und ihn auszuborgen. Doch da kommt ihm ein Zweifel:

5 Was, wenn der Nachbar mir den Hammer nicht leihen will? Gestern schon grüßte er mich nur so flüchtig. Vielleicht war er in Eile. Aber vielleicht war die Eile nur vorgeschützt, und er hat etwas gegen mich. Und was? Ich habe ihm nichts angetan; der bildet
10 sich da etwas ein. Wenn jemand von mir ein Werkzeug borgen wollte, *ich* gäbe es ihm sofort. Und warum er nicht? Wie kann man einem Mitmenschen einen so einfachen Gefallen abschlagen? Leute wie dieser Kerl vergiften einem das Leben. Und dann bildet er sich noch ein, ich sei auf ihn angewiesen. Bloß 15 weil er einen Hammer hat. Jetzt reicht's mir wirklich.

Und so stürmt er hinüber, läutet, der Nachbar öffnet, doch noch bevor er „Guten Tag" sagen kann, schreit ihn unser Mann an: „Behalten Sie Ihren Hammer, Sie Rüpel!" 20

1 *Lies den Text aufmerksam durch und notiere Antworten auf die folgenden W-Fragen.*

Wer handelt? _____

Wann und **wo** spielt die Handlung? _____

Was passiert? _____

2 *Charakterisiere die handelnde Person. Notiere in Stichpunkten, was sie denkt und was sie tut.*

Gedanken: _____

Handlungen: _____

3 *Welche menschliche Verhaltensweise verdeutlicht der Autor mit seiner Geschichte?*

_____

4 Am Ende schreit der Mann seinen Nachbarn an: **„Behalten Sie Ihren Hammer, Sie Rüpel!"**
Was meinst du, warum tut er das?

_____

ERZÄHLTEXTE LESEN UND VERSTEHEN

5 *Vergleiche Anfang und Schluss des Textes mit dem Mittelteil. Wie wird jeweils erzählt?*

Anfang und Schluss: _____

Mittelteil: _____

TIPP
Achte auf die Personalpronomen.

Grundfertigkeiten anwenden

Versuche nun, die folgenden Aufgaben zu lösen. Sie könnten dir in einer Lernstandserhebung gestellt werden.

1 *Kreuze die richtige Antwort an.*

In der Geschichte geht es darum, dass ...

a) ☐ ... ein Mann wegen eines Hammers Streit mit seinem Nachbarn bekommt.

b) ☐ ... ein Mann seinen Nachbar nicht leiden kann, weil der ihn nie grüßt.

c) ☐ ... ein Mann sich einredet, sein Nachbar würde ihm keinen Hammer leihen.

2 *Welche der folgenden Charakterisierungen treffen auf den Mann zu, welche nicht? Kreuze an.*

	trifft zu	trifft nicht zu
a) Er macht ein Problem aus einer Sache, die gar kein Problem ist.	☐	☐
b) Er schreibt seinem Nachbarn Eigenschaften zu, ohne zu überprüfen, ob er damit Recht hat.	☐	☐
c) Er denkt sehr gründlich und objektiv über seine Mitmenschen nach.	☐	☐

3 Der Mann in der Geschichte sagt: **„Leute wie dieser Kerl vergiften einem das Leben."**

Nimm Stellung zu dieser Aussage. Kreuze an und begründe deine Meinung.

☐ Der Mann hat Recht, weil ...   ☐ Der Mann hat Unrecht, weil ...

_____

_____

4 Drei Schüler haben die Aussage des Textes so formuliert:

Sandra
Man bekommt Mitleid mit dem Mann, weil der sich so dumm anstellt. Er hätte einfach nur freundlich sein müssen, dann hätte er den Hammer gekriegt.

Fabian
Der Autor will uns zeigen, dass es nichts bringt, wenn man nur daran denkt, was bei einer Sache schiefgehen könnte. Oft klappt es dann wirklich nicht.

Marie
Der Autor will uns warnen, Vorurteile gegenüber einem Menschen zu entwickeln, den man gar nicht kennt. So entsteht Misstrauen.

Welche Interpretation überzeugt dich? Begründe deine Meinung in mindestens zwei Sätzen.

Ich halte die Interpretation von _____ für überzeugend, weil _____

_____

_____

Zu Leseverstehen und Reflexion über Sprache

Gedichte lesen und verstehen

Grundfertigkeiten üben

Ein Gedicht lesen und verstehen
Gedichte zeichnen sich durch bildhafte Sprache und formale Besonderheiten, wie Vers, Reim und Rhythmus, aus. Um ein Gedicht zu verstehen, musst du es **schrittweise analysieren.** Dabei können dir **W-Fragen** helfen:
– **Was** für ein Gedicht ist es? (z. B. Natur-, Großstadt-, Liebes-, Erlebnis-, Gedanken- oder politische Lyrik)
– **Wer** spricht? (Charakterisierung des lyrischen Ichs: seine Situation, möglicher Anlass für das Entstehen des Gedichts)
– **Wovon** handelt das Gedicht? (z. B. Thema, Motive, Gedanken, Appell)
– **Wie** ist das Gedicht geschrieben? (Strophen, Reim, sprachliche Bilder, z. B. Vergleiche und Metaphern)
– **Welche** inhaltlichen Schwerpunkte behandeln die einzelnen Strophen? (z. B. Entwicklung des Themas)
– **Warum** könnte das Gedicht geschrieben worden sein? (Botschaft des Gedichts)

Hermann Hesse: **Voll Blüten**

Voll Blüten steht der Pfirsichbaum,   ____Motiv____
Nicht jede wird zur Frucht,
Sie schimmern hell wie Rosenschaum
Durch Blau und Wolkenflucht.

5 Wie Blüten gehn Gedanken auf,
Hundert an jedem Tag –
Lass blühen! lass dem Ding den Lauf!
Frag nicht nach dem Ertrag!

Es muss auch Spiel und Unschuld sein
10 Und Blütenüberfluss,
Sonst wär die Welt uns viel zu klein
Und Leben kein Genuss.

1 Worum geht es in dem Gedicht? Notiere deinen ersten Leseeindruck.

_____

2 Lies das Gedicht nun noch einmal sehr aufmerksam. Markiere dabei im Text Antworten auf mögliche W-Fragen.

TIPP
Orientiere dich am Beispiel **Motiv**, wie im Text vorgegeben.
Markiere die Antworten auf unterschiedliche Weise. Dann kannst du deine Antworten auf die verschiedenen W-Fragen besser voneinander unterscheiden.

3 Fasse den Inhalt der einzelnen Strophen kurz zusammen. Achte dabei besonders auf das Motiv der Blüten.

1. Strophe: _____

_____

2. Strophe: _____

GEDICHTE LESEN UND VERSTEHEN

3. Strophe: _____
_____

4 *Im Gedicht werden Blüten mit Gedanken verglichen. Was haben beide gemeinsam?*

_____
_____

5 In Zeile 8 sagt das lyrische Ich: **„Frag nicht nach dem Ertrag!"**
Stelle Vermutungen darüber an, was damit gemeint sein könnte.

_____
_____

Grundfertigkeiten anwenden

Nachdem du wichtige Fragen zu Hermann Hesses Gedicht beantwortet hast, wird es dir nicht schwerfallen, die folgenden Aufgaben zu lösen. Sie könnten Teil einer Lernstandserhebung sein.

1 *Kreuze die richtige Antwort an.*

In dem Gedicht „Voll Blüten" geht es um ...

a) ☐ ... einen Baum.
b) ☐ ... den Vergleich zwischen Blüten und Gedanken.
c) ☐ ... einen Menschen, der seinen Gedanken immer freien Lauf lässt.
d) ☐ ... das Problem, dass sich nicht alle Gedanken verwirklichen lassen.

2 *Treffen die folgenden Aussagen zu oder nicht? Kreuze an.*

Das lyrische Ich will dem Leser sagen, ...   trifft zu   trifft nicht zu

a) ... dass sich im Leben nicht alle Gedanken und Ideen verwirklichen lassen.   ☐   ☐
b) ... dass er versuchen soll, seine Gedanken und Ideen zu verwirklichen,
      auch wenn nicht alles gelingen wird.   ☐   ☐
c) ... dass er das Leben spielerisch angehen soll.   ☐   ☐

3 *Bestimme das Reimschema des Gedichts. Kreuze die richtige Antwort an.*

a) ☐ Paarreim   b) ☐ Kreuzreim   c) ☐ umarmender Reim

4 *Ergänze den folgenden Satz.*
Das sprachliche Bild „wie Blüten gehn Gedanken auf" nennt man _____.

5 *Kreuze die richtige Antwort an.*
Mit dem sprachlichen Bild „wie Blüten gehn Gedanken auf" soll ausgedrückt werden, dass ...

a) ☐ ... Gedanken Zeit brauchen, sich zu entwickeln.   c) ☐ ... Gedanken nur flüchtig sind.
b) ☐ ... Gedanken irgendwann verblühen.

17

Zu Leseverstehen und Reflexion über Sprache

Richtig schreiben

Tipps zur Fehlerkorrektur

Zum Abschnitt „Zu Leseverstehen und Reflexion über Sprache" gehört auch eine Aufgabe zum Auffinden und Korrigieren von Rechtschreib- und Zeichensetzungsfehlern. Die folgende Übersicht enthält Tipps, die dir helfen, häufige Fehler zu erkennen und zu berichtigen.

	Tipps	Beispiele
Doppelkonsonanten	Achte auf die Aussprache: Nach kurzem Vokal im Wortstamm wird der folgende Konsonant meist verdoppelt. Achtung: Statt doppeltem *k* schreibt man *ck*, statt doppeltem *z* schreibt man *tz*.	kna*bb*ern, So*nn*e Ha*ck*e, Wi*tz*e
mit oder ohne *h*?	Achte darauf, ob nach einem langen Vokal ein *l*, *m*, *n*, *r* folgt. Oft steht davor ein *h*. Es gibt auch einige Wörter, in denen du den langen Vokal mit einem Doppelvokal schreiben musst. Manchmal wird der lange Vokal nicht besonders gekennzeichnet.	wä*h*len, ne*h*men, Bo*h*ne, me*h*r S*aa*l, B*ee*re, M*oo*s Qual, nämlich, schon
i oder *ie*?	Wenn das *i* lang gesprochen wird, schreibst du in der Regel *ie*, wird es kurz gesprochen, meistens nur *i*.	W*ie*se – W*i*cht, St*ie*fel – St*i*ft, z*ie*mlich – Z*i*mt
Wortstämme	Suche verwandte Formen, denn der Wortstamm wird immer gleich geschrieben.	Nu*mm*er – nu*mm*erieren, Geld – Gelder
s-Laute	Achte auf die Aussprache: Für den stimmhaften *s*-Laut schreibst du *s*, für den stimmlosen *ß*. Wird der Vokal vor dem *s*-Laut kurz gesprochen, schreibst du *ss*, wird er lang gesprochen, schreibst du *ß*.	Rei*s*e – rei*ß*en, wei*s*e – wei*ß* Flu*ss* – Fu*ß*, Gu*ss* – Gru*ß*
das oder *dass*?	Wende die Ersatzprobe an. Artikel, Demonstrativ- und Relativpronomen *das* lassen sich durch *dieses, jenes, welches* im Satz ersetzen. Merke: Die Konjunktion *dass* leitet immer einen Nebensatz ein und kann nicht durch *dieses, jenes, welches* ersetzt werden.	*Das* Kind lacht mich an. *Das* sieht man deutlich. Das Kind, *das* da lacht, freut sich. Ich glaube, *dass* das Kind glücklich ist.
getrennt oder zusammen?	Achte auf die Wortart: Die meisten Verbindungen mit einem Verb werden getrennt geschrieben, ebenso Wortgruppen mit *sein*. Ausnahmen: Viele Verbindungen, z.B. aus Adjektiv + Verb, die eine übertragene Bedeutung haben, werden zusammengeschrieben. Zusammen schreibt man Verbindungen aus Nomen + Nomen oder Adjektiv + Adjektiv, Verbindungen aus Nomen + Adjektiv, Verbindungen mit *irgend-* sowie Nominalisierungen.	Auto fahren, laufen lernen, langsam trinken, los sein offenbleiben (ungelöst bleiben), schwerfallen (Mühe mit etwas haben) Kinderwagen, altklug, pudelnass, irgendwie, regelmäßiges Lesenüben
groß oder klein?	Achte auf Nomensignale wie Artikel, Adjektiv oder Pronomen. Achte auf typische Nachsilben: Steht *-heit, -keit, -nis, -ung, -tum, -schaft, -in* am Wortende, dann handelt es sich um ein Substantiv. Merke: Ableitungen von geografischen Namen auf *-er* schreibt man groß. Ableitungen von geografischen Namen auf *-isch* schreibt man klein.	*der* Montag, *gute* Stimmung, *ihr* Fahrrad Gesund*heit*, Heiter*keit*, Verständ*nis*, Wohn*ung* Köln*er* Dom, Berlin*er* Bär belg*ische* Schokolade rhein*ischer* Humor
Zeichensetzung	Achte auf Sinneinheiten: Trenne Aufzählungen, Haupt- und Nebensätze sowie Infinitivgruppen durch Komma voneinander ab.	Er spielt Fußball, Handball und Schach. Sie hoffte, dass er kommen würde. Er rief an, um ihr zu gratulieren.

Zum Schreiben

Einen Text schreiben

In einer Lernstandserhebung kann dir die Aufgabe gestellt werden, einen Text zu verfassen. Das kann ein Artikel für eine Schülerzeitung, ein Brief, ein Tagebucheintrag o. Ä. sein.

Eine gegliederte Aufgabenstellung gibt dir vor, welche inhaltlichen und formalen Merkmale dein Text aufweisen soll. Mit zwei verschiedenen Arten von Aufgaben kannst du konfrontiert werden:
– Du sollst einen literarischen Text, einen Sachtext oder eine grafische Darstellung analysieren und anschließend in deinem Text Stellung dazu nehmen.
– Oder du wirst aufgefordert, einen von mehreren kurzen Texten für einen vorgegebenen Zweck auszuwählen und deine Wahl zu begründen.

Wie man an eine solche Aufgabe herangeht, kannst du an dem folgenden Beispiel üben.

„Normalo" – nein danke!

An einer Hauptschule der Stadt Herzogenaurach wurde eine Umfrage unter 298 Schülerinnen und Schülern zwischen 13 und 17 Jahren durchgeführt. Dabei ging es u. a. um Familienverhältnisse, Freizeitverhalten und Vorstellungen von der Zukunft.
Eine der Fragen lautete: Als was würdest du dich als ehestes bezeichnen?

Skater(in)	14
Breaker(in)	8
Hiphopper(in)	45
Girlie	27
Gangster	36
Punk	7
Öko	2
Skinhead	4
Normalo	88
Hacker(in)	9
Philosoph(in)	2
Revoluzzer(in)	4
Schickimicki	14
Künstler(in)	7
Sonstiges*	25
Keine Angabe	6

Nennungen für „Sonstiges": z. B. Rapper, Zocker, Modepuppe, Schwuli

Geh von folgender Situation aus:
Du schreibst regelmäßig für die Schülerzeitung. Diesmal hast du die Aufgabe, zum Thema „Gruppenzugehörigkeit" Stellung zu nehmen. Anlass dafür sind die Ergebnisse der Umfrage von Herzogenaurach.
Von 298 Schülerinnen und Schülern bezeichnen sich 88 als Normalos, d. h., fast ein Drittel der Befragten fühlt sich nicht zu einer Gruppe zugehörig.
Du selbst bist anderer Meinung. Du findest es gut, zu einer Gruppe zu gehören. Du möchtest Gleichgesinnte erkennen und auch von ihnen wahrgenommen und anerkannt werden.

Aufgabe

Schreibe unter der Überschrift „Normalo – nein danke!" einen Artikel, in dem du versuchst, deine Leser davon zu überzeugen, dass es toll ist, zu einer Gruppe zu gehören.

In deinem Artikel sollst du
a) eine These aufstellen,
b) Argumente bringen, die deine These stützen,
c) Beispiele anführen, die deine Argumente belegen,
d) deinen Standpunkt überzeugend darlegen.

Zum Schreiben

Die folgenden Aufgaben helfen dir, Ideen zu entwickeln und Material für deinen Artikel zusammenzutragen. Beantworte die Fragen jeweils stichpunktartig.

1 Beschreibe, was du unter einem Normalo verstehst.

_____
_____

2 Wähle aus dem Diagramm drei Gruppen aus und charakterisiere sie in Stichpunkten.

Charakterisierung	Gruppe 1:	Gruppe 2:	Gruppe 3:
Kleidung			
Auftreten			
Musik			
politische Anschauung			

3 Wie sehen die anderen Schülerinnen und Schüler diese drei Gruppen?

_____
_____
_____

4 Zu welcher Gruppe aus dem Diagramm zählst du dich und warum fühlst du dich dort wohl?

_____
_____
_____

5 Gibt es auch Momente, in denen du lieber „normal" wärst?

_____
_____
_____

EINEN TEXT SCHREIBEN

Nachdem du die inhaltlichen Schwerpunkte für deinen Artikel gesammelt hast, geht es nun an die Gliederung deines Textes.

6 *Überlege dir die ersten zwei bis drei Sätze für den Einstieg.*

_____

_____

_____

_____

> **TIPP**
> Dein Einstieg soll die Neugier der Leser wecken und zum Thema hinführen. Du kannst
> – ein Beispiel aus eigener Erfahrung,
> – eine provozierende Behauptung oder
> – einen aktuellen Anlass auswählen.

7 *Formuliere deine These zum Thema „Normalo – nein danke!"*

_____

_____

8 *Ergänze die folgenden Satzanfänge. Nutze dazu die von dir in Aufgabe 4 genannten Vorteile.*

Ich finde _____

_____

Für mich ist wichtig, _____

_____

Folglich _____

_____

Beispielsweise _____

_____

Aus diesem Grund _____

_____

9 *Lege abschließend deinen Standpunkt dar und begründe ihn.*

_____

_____

_____

_____

_____

10 *Schreibe nun deinen Artikel auf ein extra Blatt. Halte dich an die Aufgabenstellung auf Seite 19.*

Den eigenen Text überarbeiten

Um sicherzugehen, dass dein Text inhaltlich und sprachlich überzeugt, musst du ihn am Ende kritisch durchsehen. Die folgenden Schritte solltest du dabei gehen.

Überprüfen des Inhalts
- Vergleiche die Aufgabenstellung mit deinem Text. Hast du alle wichtigen Forderungen erfüllt? Wenn etwas fehlt, ergänze es. Gehört etwas nicht zum Thema, dann streiche es.
- Fallen dir Stellen auf, an denen du dich wiederholst? Vermeide Dopplungen.
- Ist der Text so geschrieben, dass deine Leser deinen Gedanken folgen können? Formuliere nicht nur Behauptungen, begründe sie auch. Lass den Leser auf diese Weise an der Entstehung deines Gedankengangs teilhaben.
- Beachte die Merkmale deiner Textsorte. Handelt es sich z. B. um eine Erörterung, dann sollten Thesen, Argumente und Beispiele deutlich erkennbar sein.
- Überprüfe auch Einleitung und Schluss. Weckt dein Anfang Neugier und Interesse? Führt er zum Thema? Hast du am Schluss die Hauptaussage zusammengefasst und deinen Standpunkt begründet dargelegt?

Überprüfen der Ausdrucksweise
- Ist dein Stil einheitlich und passt er zum Thema? Überprüfe deine Wortwahl.
- Hast du den Satzbau abwechslungsreich gestaltet? Variiere deine Satzanfänge.
- Achte auf logische Zusammenhänge zwischen den Sätzen. Benutze Wörter und Wortgruppen wie *aber, weil, aus diesem Grund* zur sinnvollen Verknüpfung der Sätze.
- Kannst du den sprachlichen Ausdruck noch verbessern, indem du die Ersatz-, Umstell-, Weglass- oder Erweiterungsprobe anwendest?
- Überprüfe, ob du Füllwörter streichen kannst.

Überprüfen von Rechtschreibung, Zeichensetzung und Grammatik
- Ist dein Text grammatisch einwandfrei? Hast du die richtigen Zeitformen verwendet?
- Sind Rechtschreibung und Zeichensetzung fehlerfrei? Bist du bei der Schreibung eines Wortes unsicher? Schlag im Rechtschreibwörterbuch nach. Überprüfe am Ende auch, ob dein Text Flüchtigkeitsfehler enthält.
- Weitere Tipps zur Fehlerkorrektur erhältst du im Abschnitt „Richtig schreiben" auf Seite 18.

Überprüfen der Form
- Hast du die äußere Form eingehalten, z. B. Rand und Kopf des Textes?
- Kann man deine Schrift gut lesen?
- Ist dein Text durch sinnvolle Abschnitte gegliedert, sodass Lesen und Verstehen leichtfallen?
- Hast du die formalen Vorgaben deiner Textsorte beachtet, z. B. Anrede und Grußformel in Briefen?

Training Lernstandserhebungen

Nützliche Tipps für den Test

Allgemeine Tipps

– Lies jede Aufgabenstellung sorgfältig durch.
– Beginne ohne Hektik mit der Beantwortung der Fragen.
– Überprüfe zwischendurch immer wieder einmal, wie viel Zeit du noch hast.
– Wende dich zuerst den Aufgaben zu, die dir leichtfallen.
– Wenn du eine Aufgabe nicht sofort lösen kannst, gehe erst einmal zur nächsten weiter.
– Markiere die ausgelassenen Aufgaben, damit du sie später problemlos wiederfindest und nicht vergisst.
– Geh am Ende noch einmal alle ausgelassenen Aufgaben durch, vielleicht kannst du sie doch noch lösen.
– Wenn du alle Aufgaben bearbeitet hast, dann sieh dir deine Lösungen noch einmal an.
– Korrigiere gegebenenfalls Fehler.
– Wenn du etwas falsch angekreuzt hast, markiere die falsche Antwort, indem du das Kreuz sichtbar durchstreichst und dann das richtige Feld markierst.
– Kreuze immer eine der Wahl-Antworten an, auch wenn du nicht sicher bist. Vielleicht hast du Glück!
– Schreibe deutlich, wenn du selbst etwas formulieren oder Lücken ausfüllen sollst.

Tipps zum Testteil „Leseverstehen und Reflexion über Sprache"

– Es gibt Aufgaben zu insgesamt drei verschiedenen Texten. Die Aufgaben sind fortlaufend nummeriert, das heißt, sie fangen nicht bei jedem neuen Text wieder mit der Nummer 1 an.
– Bei einigen Aufgaben musst du aus mehreren Lösungen die richtige auswählen. Bei der Aufforderung *„Kreuze die richtige Antwort an"* musst du also ein Kreuz in eines der vorgegebenen Kästchen setzen. Achtung: Hierbei ist immer nur eine Antwort richtig. Überprüfe deshalb alle Antwortmöglichkeiten. Schließe falsche Antworten aus. Entscheide dich erst für eine Antwort, wenn du über alle Möglichkeiten nachgedacht hast.
– Bei einigen Aufgaben musst du ankreuzen, ob vorgegebene Aussagen zutreffen oder nicht zutreffen.
– Bei anderen Aufgaben wirst du aufgefordert, eine kurze Antwort zu schreiben.

Tipps zum Testteil „Richtig schreiben"

– Geh den Text mehrmals durch.
– Sprich jedes Wort deutlich aus, denn oft kann man hören, wie ein Wort geschrieben wird.
– Korrigiere sofort jeden Fehler, der dir auffällt.
– Konzentriere dich bei jedem Korrekturgang auf einen Fehlerschwerpunkt, z.B. Groß- und Kleinschreibung, Getrennt- und Zusammenschreibung, Fremdwörter, s-Laute, Zeichensetzung.
– Achte auch auf Flüchtigkeitsfehler.

Tipps zum Testteil „Schreiben"

Die Aufgabenstellung enthält neben dem Thema immer auch Vorgaben für die inhaltliche und formale Gestaltung des Textes. Achte deshalb darauf, was für einen Text du schreiben sollst und bedenke seine formalen Merkmale, z.B.:
– Ein Brief ist meistens an eine konkrete Person gerichtet und muss daher eine persönliche Anrede, das Datum und eine abschließende Grußformel enthalten.
– Ein Zeitungsartikel wird für einen bestimmten Leserkreis geschrieben, er ist in Abschnitte eingeteilt und enthält mindestens eine Überschrift.
– Ein Tagebucheintrag wird in der Ichform verfasst, er ist in persönlichem Stil gehalten und wird mit dem Datum versehen.
– In Kommentaren, Stellungnahmen oder Erörterungen ist dein eigener Standpunkt gefragt; deine Argumente sollen die Leser überzeugen.

Schreibe leserlich und plane auch Zeit für die Überarbeitung deines Textes ein.

LERNSTANDSERHEBUNG: „COMPUTERWELTEN"
LESEVERSTEHEN UND REFLEXION ÜBER SPRACHE

Terry Pratchett: **Nur du kannst die Menschheit retten**

Johnny biss sich auf die Lippen und konzentrierte sich. Gut so. Schnell schalten, die Rakete ausrichten – *biep biep biep biebiebiep* – auf den ersten Jäger, Rakete abfeuern – *swomp* –, Geschütze einsetzen – *babababam* –, Jäger Nr. 2 treffen und seine Schilde mit dem Laser lahmlegen – *pschuiiiii* –, während die Rakete – *pwosch* – Jäger Nr. 1 zerstört, abtauchen, Geschütze wechseln, Jäger Nr. 3 bombardieren, während er dreht – *babababam* –, im Aufwärtsflug Jäger Nr. 2 ins Visier nehmen, Rakete abfeuern – *swomp* – und ihn mit ... *Fwit fwit fwit.*

Jäger Nr. 4! Der tauchte immer als Letzter auf, aber wenn man ihn als Ersten ins Visier nahm, hatten die anderen genug Zeit zum Wenden, und dann wurde man zur Zielscheibe von allen dreien.

Er war schon sechsmal getötet worden. Dabei war es gerade erst fünf Uhr.

Seine Hände flogen über die Tastatur. Sterne rauschten an ihm vorbei, während er beschleunigte, um dem Gewühl zu entgehen. Das kostete ihn zwar eine Menge Energie, aber bis sie ihn eingeholt hatten, würden die Schilde wieder auf voller Kraft laufen, und er wäre kampfbereit. Außerdem mussten zwei von denen schon beschädigt sein, und ... da waren sie ... Raketen ab, wow, Glückstreffer, vernichtet! [...]

In der Ecke des Bildschirms tauchte der riesige Koloss ihres Mutterschiffs auf. Level 10, dann mal los ... schön vorsichtig ... jetzt waren keine Jäger mehr da, also musste er sich nur außer Reichweite halten und sich dann heranschleichen und ...

Wir möchten verhandeln.

Johnny blickte verdutzt auf die Botschaft am Bildschirmrand.

Wir möchten verhandeln.

Das Schiff rauschte vorbei – *eeeeooouuuummm*. Er drückte auf die Drosseltaste und verlangsamte seine Geschwindigkeit, dann wendete er und hatte den großen roten Umriss wieder im Visier.

Wir möchten verhandeln.

Sein Finger schwebte über dem Abzugsknopf. Dann, ohne wirklich hinzusehen, führte er ihn zur Tastatur und drückte auf Pause. Dann griff er nach dem Handbuch. *Nur du kannst die Menschheit retten,* stand auf dem Umschlag. „Super Sound und Grafiken. Das endgültige Spiel." [...]

Wir möchten verhandeln.

Selbst nachdem er Pause gedrückt hatte, blinkte die Botschaft noch auf dem Schirm. In dem Handbuch

stand aber nichts von Botschaften. Jonny blätterte die Seiten durch. Das musste eine der Neuheiten sein, von denen das Spiel voll sein sollte. Er legte das Buch beiseite und seine Finger auf die Tastatur, dann tippte er vorsichtig: Stirb, außerirdischer Abschaum.

Nein! Wir wollen nicht sterben! Wir wollen verhandeln!

Das war aber nicht so vorgesehen, oder? [...] Johnny feuerte noch mal den Laser ab. *Swusch.* Er wusste eigentlich nicht, warum. Aber er hatte einen Joystick und einen Abzugsknopf, und dafür war das Ganze eben da. Schließlich gab es keinen „Nicht feuern"-Knopf.

Wir ergeben uns! BITTE!

Er streckte den Finger aus und drückte – sehr behutsam – auf die „Spiel speichern"-Taste. Der Computer surrte und klickte und war dann still. Er spielte den ganzen Abend nicht mehr. Er machte seine Hausaufgaben. [...]

Vielleicht sollte er ihnen eine Botschaft zurücksenden. Aber „Stirb, Abschaum!" schien im Moment nicht ganz passend. Er tippte: Was ist los?

Sofort erschien in gelben Buchstaben eine Antwort auf dem Bildschirm.

Wir ergeben uns. Nicht schießen. [...]

Johnny starrte auf den Bildschirm. Er hätte am liebsten getippt: Nein, das kann einfach nicht sein. Ihr seid Außerirdische, und ihr könnt mir nicht erzählen, dass ihr nicht beschossen werden wollt. In keinem anderen Spiel haben Außerirdische jemals damit aufgehört, über den Bildschirm zu jagen. [...]

Und dann dachte er: Sie hatten nie die Chance. Sie konnten es nie.

Aber jetzt waren die Spiele viel besser. Sie wurden einfach immer realistischer.

Er tippte: Es ist schließlich nur ein Spiel.

Was ist ein Spiel?

Aufgaben 1–12

Nur du kannst die Menschheit retten

1 *Kreuze die richtige Antwort an.*

Johnny hat ein Problem. Beim Spielen seines neuen Computerspiels ...

a) ☐ ... geht es kaputt.
b) ☐ ... kommt er nur langsam voran.
c) ☐ ... langweilt er sich schnell.
d) ☐ ... passiert etwas Ungewöhnliches.

2 *Kreuze die richtige Antwort an.*

Die Außerirdischen, die Johnny bekämpfen soll, ...

a) ☐ ... möchten verhandeln.
b) ☐ ... wollen Johnny abschießen.
c) ☐ ... wehren sich heldenhaft.
d) ☐ ... fliehen vor der Attacke.

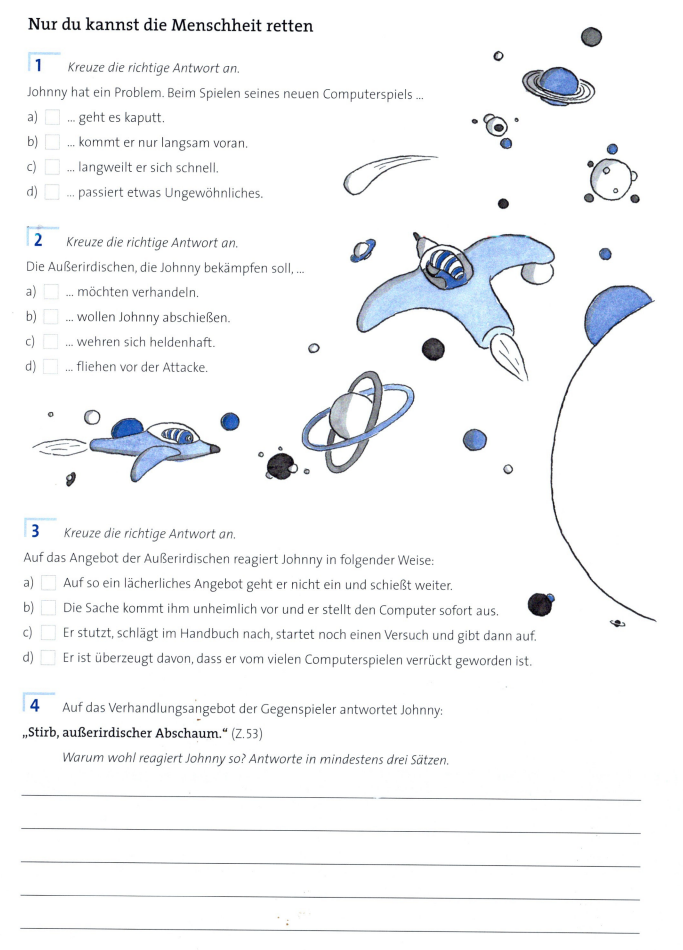

3 *Kreuze die richtige Antwort an.*

Auf das Angebot der Außerirdischen reagiert Johnny in folgender Weise:

a) ☐ Auf so ein lächerliches Angebot geht er nicht ein und schießt weiter.
b) ☐ Die Sache kommt ihm unheimlich vor und er stellt den Computer sofort aus.
c) ☐ Er stutzt, schlägt im Handbuch nach, startet noch einen Versuch und gibt dann auf.
d) ☐ Er ist überzeugt davon, dass er vom vielen Computerspielen verrückt geworden ist.

4 Auf das Verhandlungsangebot der Gegenspieler antwortet Johnny:

„Stirb, außerirdischer Abschaum." (Z. 53)

Warum wohl reagiert Johnny so? Antworte in mindestens drei Sätzen.

_____
_____
_____
_____

25

LERNSTANDSERHEBUNG „COMPUTERWELTEN"

5 Johnny sagt am Ende des Textauszugs: „**Es ist schließlich nur ein Spiel.**" (Z. 84)
Daraufhin fragen die Außerirdischen: „**Was ist ein Spiel?**" (Z. 85)

Was bedeutet „Spiel" für Johnny, was für die Außerirdischen? Antworte jeweils in einem Satz.

Zitat	Was bedeutet „Spiel" für Johnny/für die Außerirdischen?
a) „Es ist schließlich nur ein Spiel."	Johnny: _____
b) „Was ist ein Spiel?"	die Außerirdischen: _____

6 Auch die beiden folgenden Sätze sind Zitate aus dem Text.
a) „**In dem Handbuch stand aber nichts von Botschaften.**" (Z. 48 f.)
b) „**Er spielte den ganzen Abend nicht mehr.**" (Z. 65 f.)

Unterstreiche die adverbialen Bestimmungen des Ortes (Lokaladverbiale) bzw. der Zeit (Temporaladverbiale) in den Sätzen a und b.

7 „Der tauchte immer als Letzter auf, aber wenn man ihn als Ersten ins Visier nahm, hatten die anderen genug Zeit zum Wenden, und dann wurde man zur Zielscheibe von allen dreien." (Z. 12 ff.)

Setze diesen Satz vom Präteritum ins Präsens.

_____

_____

8 Während Johnny sein neues Computerspiel spielt, nehmen die Außerirdischen Kontakt zu ihm auf.
   a) *Was macht Johnny am Computer? Schreibe zwei weitere Handlungen in die beiden linken Kästchen.*
   b) *Suche zwei weitere Botschaften der Außerirdischen heraus und schreibe sie in die beiden rechten Kästchen.*

Handlungen ---------------- Johnny ◄---------------- Botschaften

richtet Raketen aus und feuert sie ab	„Was ist ein Spiel?"

sendet eine Botschaft ----► Außerirdische ---- „Wir möchten verhandeln."

26

LESEVERSTEHEN UND REFLEXION ÜBER SPRACHE

9 *Kreuze an, zu welcher Textsorte der Text „Nur du kannst die Menschheit retten" gehört.*

Es handelt sich um einen Auszug aus ...

a) ☐ ... einer Spielanleitung.

b) ☐ ... einem Science-Fiction-Roman.

c) ☐ ... einem Märchen.

d) ☐ ... einer Reportage.

10 Der Autor verwendet sprachliche Ausdrücke wie „swomp", „pschuiiiiii" oder „babababbam".

Was haben diese Ausdrücke gemeinsam? Kreuze die richtige Antwort an.

a) ☐ Sie entstammen der englischen Sprache.

b) ☐ Sie entstammen der Comicsprache.

c) ☐ Sie verdeutlichen Computerfachsprache.

d) ☐ Sie geben die Sprache der Außerirdischen wieder.

11 *Welche Wirkung wird durch diese Ausdrücke erzielt? Kreuze die richtige Antwort an.*

a) ☐ Sie veranschaulichen den Sound von Computerspielen.

b) ☐ Sie lassen das Geschehen bedrohlich wirken.

c) ☐ Sie vermitteln einen fachwissenschaftlichen Eindruck.

d) ☐ Sie dienen dem besseren Verständnis der Handlung.

12 Ein Leser des Buches „Nur du kannst die Menschheit retten" hat sich im Internet dazu geäußert:

„Nach der Lektüre hat sich meine Einstellung zu Computerspielen geändert. Ich konnte einen Alien oder ein Monster einfach nicht mehr mit der gleichen Kaltblütigkeit erlegen, mit der ich es vorher tat."

Beschreibe deine Sicht auf Computerspiele, in denen es um das Abschießen virtueller Feinde geht.

Oliver Klempert: **Freude an Gewalt**

Aktuelle Videospiele machen das Töten am Computerbildschirm zu einem wirklichkeitsnahen Erlebnis. Fachleute sehen darin keine Gefahr für Jugendliche

Mit der Maschinenpistole im Anschlag können Spieler Zombie um Zombie ins Visier nehmen und Köpfe von Körpern ihrer Gegner abtrennen. Blut befleckt Boden und Wände. Überall pflastern Leichen den Weg. Wohl nicht einmal die Schauspieler Arnold Schwarzenegger oder Sylvester Stallone hätten sich zu Szenen hergegeben, die täglich über die PC-Monitore in deutschen Jugendzimmern flimmern.

Besonders wirklichkeitsnah und gruselig sind Ego-Shooter, Spiele, bei denen die Spieler ihren Akteur aus der Ich-Perspektive durch die virtuelle Welt steuern und ihre Gegner mit unterschiedlichen Waffen bekämpfen. Politiker und manche Experten kritisieren diese Killerspiele als zu brutal. Sicher ist, dass es noch nie so viel Brutales, Abstoßendes und Ekliges auf Computerbildschirmen zu sehen gab. Mit Waffen jeder Gattung, vom Scharfschützengewehr über Pumpguns bis zu Flammenwerfern, mähen die Spieler Monster, Außerirdische, Terroristen nieder.

So einfach viele Spiele angelegt sind, so schwierig ist die Diskussion über ihre Wirkung auf Kinder und Jugendliche. Sollten Politiker die Killerspiele verbieten, muss die Computerspielindustrie mit Einnahmeverlusten rechnen. Der Spieler vor dem heimischen Bildschirm fühlt sich ohnehin bevormundet, die meisten beteuern, sie könnten Fiktion und Wirklichkeit voneinander trennen.

Am 26. April 2002 überfiel der 19-jährige Robert Steinhäuser bewaffnet sein ehemaliges Gymnasium in Erfurt, erschoss 16 Menschen und sich selbst. Bei der Ursachenforschung hieß es, er hätte in seiner Freizeit häufig Ego-Shooter gespielt, vor allem „Counterstrike", ein Spiel, bei dem sich Terroristen und Polizisten jagen. Seit 1. April 2003 gilt ein neues Jugendschutzgesetz, das die Kontrolle über die Spiele an die Unterhaltungssoftware Selbstkontrolle (USK) überträgt. Steht ein Spiel auf dem Index der Bundesprüfstelle für jugendgefährdende Medien, dürfen Handel und Anbieter es weder öffentlich verkaufen noch bewerben.

Dennoch ist fraglich, ob brutale Darstellungen in Computerspielen das Verhalten der Spieler beeinflussen. In der Wissenschaft hat sich mittlerweile die Ansicht durchgesetzt, dass es einen Einfluss gibt. Allerdings mache Gewalt in Computerspielen niemanden zu einem Straftäter. Die Auswirkungen sind eher langfristig und hängen auch von anderen Faktoren, etwa einem gestörten Familienleben oder der täglichen Spieldauer, ab. Winfred Kaminski, Professor am Institut für Medienforschung und Medienpädagogik der Fachhochschule Köln, der seit sechs Jahren an Videospielen forscht, sieht auch positive Wirkungen durch Spiele: „Schnelles Reagieren, Organisieren, Teamwork – vieles kann dabei geübt werden." Generell sei Jugendlichen zuzutrauen, die Ballerspiele richtig einzuordnen. „Die Grenze zwischen Realität und Fiktion wird eingehalten."

Dennoch wissen Eltern häufig nicht, mit welchen Spielen sich ihre Kinder in ihren Zimmern stundenlang beschäftigen. Informationen gibt es nicht nur durch die USK, oft reicht ein Blick auf die Packung der Spiele, um herauszufinden, ob das Spiel für den Nachwuchs taugt. Giftgasangriffe haben auf dem heimischen Computermonitor keinesfalls etwas zu suchen.

LESEVERSTEHEN UND REFLEXION ÜBER SPRACHE

Aufgaben 13–22

Freude an Gewalt

13 Die Unterzeile des Artikels lautet:
„Aktuelle Videospiele machen das Töten am Computerbildschirm zu einem wirklichkeitsnahen Erlebnis. Fachleute sehen darin keine Gefahr für Jugendliche".

Suche die beiden Abschnitte heraus, auf die sich die Unterzeile bezieht.

Die Unterzeile bezieht sich auf die Abschnitte _____ und _____ des Artikels.

14 *Kreuze die richtige Fortsetzung des Satzes an.*

Der zweite Abschnitt des Textes (Z. 9–19) ...

a) ☐ ... beschreibt die Funktionsweise von Ego-Shootern.

b) ☐ ... fordert das Verbot von Ego-Shootern.

c) ☐ ... ruft Politiker zum Handeln auf.

d) ☐ ... kritisiert die Wirklichkeitsnähe von Ego-Shootern.

15 *Sind die folgenden Aussagen zutreffend oder nicht? Kreuze an.*

	trifft zu	trifft nicht zu
a) Spiele, bei denen der Spieler aus der Ich-Perspektive gegen Feinde kämpft, sind besonders wirklichkeitsnah.	☐	☐
b) Es ist erwiesen, dass die Gefahr, durch Gewalt in Computerspielen zum Straftäter zu werden, groß ist.	☐	☐
c) Eltern wissen häufig nicht, mit welchen Spielen sich ihre Kinder beschäftigen.	☐	☐

16 Der Artikel auf Seite 28 kann nicht vor 2002 geschrieben worden sein.

Nenne die Zeile, aus der das hervorgeht.

Zeile: _____

17 *Kreuze die richtige Antwort an.*

Aus dem Text geht hervor, dass Wissenschaftler den Computerspielen auch positive Wirkungen zuschreiben, weil ...

a) ☐ ... Verbote sowieso keine Wirkung haben.

b) ☐ ... Jugendliche dann keine Zeit haben, kriminelle Handlungen zu begehen.

c) ☐ ... die Grenzen zwischen Realität und Fiktion erkannt werden.

d) ☐ ... dabei schnelles Reagieren, Organisieren und Teamwork geübt werden können.

18 *Kreuze die richtige Antwort an.*

Zum Thema „Killerspiele" steht in dem Artikel, ...

a) ☐ ... dass Politiker kein Recht haben, sie zu verbieten.

b) ☐ ... dass ihre Wirkung auf Kinder und Jugendliche umstritten ist.

c) ☐ ... dass es nur um die Wirkung solcher Spiele auf den Amokläufer Robert Steinhäuser geht.

d) ☐ ... wie man sie sich im Handel beschaffen kann.

LERNSTANDSERHEBUNG „COMPUTERWELTEN"

19 Nach dem Amoklauf des 19-jährigen Erfurters haben Politiker gefordert, das Ego-Shooter-Spiel „Counterstrike" zu verbieten, weil darin realistische Kampf- und Tötungsszenen gezeigt werden. Andere Stimmen sind gegen Verbote und verneinen einen direkten Zusammenhang zwischen brutalen Computerspielen und Gewaltbereitschaft.

Bist du für oder gegen das Verbot von Ego-Shooter-Spielen? Kreuze an und begründe deine Meinung in mindestens drei Sätzen.

☐ dafür ☐ dagegen

Begründung: _____

_____

_____

20 In einer Hausaufgabe wurden Schülerinnen und Schüler einer achten Klasse nach dem Lesen des Artikels „Freude an Gewalt" aufgefordert, eine kurze Stellungnahme dazu zu schreiben.

Lisa
Leute, die immer vor dem Computer rumhängen, finde ich total öde. Die werden doch bloß fett und gewalttätig. Man sollte alle Computerspiele verbieten, weil auch schon kleine Kinder davon abhängig werden können. Vielen Eltern ist es egal, was ihre Kinder in der Freizeit machen, Hauptsache, sie haben ihre Ruhe. Das finde ich nicht in Ordnung.

Paul
Mich hat der Artikel sehr nachdenklich gemacht. Auch wenn nicht erwiesen ist, dass gewalthaltige Computerspiele zu Straftaten verleiten, so ist das Beispiel des Erfurter Jugendlichen doch sehr schockierend. Deswegen finde ich es gut, dass es eine Prüfstelle gibt, die jugendgefährdende Spiele verbieten kann.

Edgar
Ich finde, dass in dem Artikel übertrieben wird. Computerspiele machen einfach nur Spaß. Und ich kenne keinen, der nach dem Spielen losgeht und Leute über den Haufen schießt. Außerdem sollen die Erwachsenen sich an ihre eigene Nase fassen. Die führen schließlich überall in der Welt Krieg.

Welche Stellungnahme geht deiner Ansicht nach am genauesten auf den Artikel ein? Begründe deine Wahl.

Ich wähle die Stellungnahme von _____ aus, weil _____

_____

_____

21 Im Text heißt es: „Generell **sei** Jugendlichen zuzutrauen, die Ballerspiele richtig einzuordnen." (Z. 55 f.)

Welche Aussageweise (Modus) wird in diesem Satz verwendet? Kreuze die richtige Antwort an.

a) ☐ Indikativ (Wirklichkeitsform)   c) ☐ Konjunktiv II (Möglichkeitsform II)

b) ☐ Konjunktiv I (Möglichkeitsform I)   d) ☐ Imperativ (Befehlsform)

22 *Kreuze die richtige Antwort an.*

Diese Aussageweise wurde gewählt, um auszudrücken, dass …

a) ☐ … die Aussage falsch ist.   c) ☐ … die Aussage nicht ernst gemeint ist.

b) ☐ … die Aussage eines anderen wiedergegeben wird.   d) ☐ … die Aussage nur zum Teil richtig ist.

Margaret Wild: **Flirten mit Fremden**

Im Netz
ist Serena Rena,
zweiundzwanzig,
Computerexpertin,
5 cool und welterfahren.
Sie flirtet mit Fremden,
die am Ende vielleicht
Psychos sind oder Mittsechziger.
Sie ist nicht so dumm,
10 sich mit einem von ihnen zu verabreden,
sie chattet einfach gerne
und kokettiert.
Irgendwann ist sie auch wieder Serena,
nur im Moment
15 braucht sie einfach ein bisschen Schein.

Aufgaben 23–29

Flirten mit Fremden

23 *Kreuze die richtige Antwort an.*

Der Text handelt von ...

a) ☐ ... einem Mädchen, das Serena heißt.   c) ☐ ... einem Mädchen, das Rena heißt.

b) ☐ ... Psychos in Chatrooms.   d) ☐ ... einer 22-jährigen Computerexpertin.

24 *Welche Angaben macht das Mädchen über sich selbst? Schreibe die Antworten jeweils rechts daneben.*

a) Name _____

b) Alter _____

c) Beruf _____

d) Selbsteinschätzung _____
_____

25 *Treffen die folgenden Aussagen zu oder nicht? Kreuze an.*

Das Mädchen ...	trifft zu	trifft nicht zu
a) ... flirtet gern mit Fremden.	☐	☐
b) ... verabredet sich mit älteren Männern.	☐	☐
c) ... chattet gern.	☐	☐
d) ... ist 22 Jahre alt.	☐	☐

26 In dem Gedicht kommen die Wörter „welterfahren" und „kokettieren" vor.

Erkläre, was diese Wörter bedeuten.

TIPP
Wenn du nicht sicher bist, nimm ein Wörterbuch zu Hilfe.

welterfahren: _____

_____

kokettieren: _____

_____

27 Über Serena wird gesagt: **„Im Moment braucht sie einfach ein bisschen Schein"**.

Überlege, was damit gemeint sein könnte. Schreibe deine Vermutung auf.

_____

_____

_____

_____

_____

28 In Zeile 13 heißt es: **„Irgendwann ist sie auch wieder Serena."**

Kreuze die richtige Fortsetzung des Satzes an.

Diese Aussage verweist auf …

a) ☐ … Serenas 22. Geburtstag.
b) ☐ … den nächsten Tag.
c) ☐ … einen unbestimmten Zeitpunkt in der Zukunft.
d) ☐ … die aktuelle Gegenwart.

29 In der Bundesprüfstelle für jugendgefährdende Medien ging der Brief einer besorgten Mutter ein. Sie schreibt, dass sie so viel über Gefahren im Zusammenhang mit Chatrooms gehört habe, dass sie ihren Kindern am liebsten verbieten würde, diese aufzusuchen. Was meinst du dazu?

Kreuze an und begründe deine Entscheidung in mindestens drei Sätzen.

☐ Ja, sie soll ihren Kindern das Chatten verbieten.   ☐ Nein, sie soll ihren Kindern das Chatten nicht verbieten.

Begründung: _____

_____

_____

_____

Richtig schreiben

Der folgende Text weist eine Reihe von Fehlern in Rechtschreibung und Zeichensetzung auf.
Deine Aufgabe ist es, die Fehler zu finden und zu korrigieren. Der erste Satz zeigt dir, wie du vorgehen sollst.

TIPP
Die **Tipps zur Fehlerkorrektur** auf **Seite 18** werden dir helfen.
Achtung: Die richtig geschriebenen Wörter brauchst du nicht abzuschreiben.

30 *Schreibe das korrigierte Wort jeweils in das Kästchen unter das fehlerhafte Wort. Wenn ein Satzzeichen fehlt, setze es in das Kästchen darunter.*

Gregor Delvaux de Fenffe: **Computer – eine Technik verändert die Welt**

Computer ist ein lateinisch-englisches Wort es bedeutet so [,]

viel wie Rechenmaschiene [Rechenmaschine] . Im ausgehenden Mittel Alter und

in der Frühen Neuzeit war das Wort „Computer" eine

Berufsbezeichnung für Menschen die sehr komplizirte und

langwierige berechnungen durchfürten , etwa für Astronomen . Später

nante man die Arbeiter , die die mechanichen Rechenmaschinen

bediehnten , Computer . Heute bezeichnet man mit dem Wort

eine Maschine , die mithilfe eines Programs Daten ferarbeitet .

Längst steuern diese Rechenmaschinen unsere Flugzeuge , Autos und

Fotoaparate , und auf den Meisten Schreibtischen steht

ein PC. Computer sind aus Beruf, Altag und Freizeit nicht mehr weg zu denken. Sie stehen in Betrieben, Büros, in Kinder- und Wohnzimmern. Computer sind zentrale werkzeuge der Wissenschaft, Technick und Medizin aber sie spielen auch eine zentrale Rolle bei militärischen Auseinandersetzungen und in Kriegen. In Friedenszeiten simulieren sie komplexe klimatische Veränderungen und helfen so Naturkatastrophen früh zeitig zu erkennen. Die grösste Bedeutung hat der Computer heute in der Zwischenmenschlichen Kommunikation. Internet und E-Mail verbinden Menschen an den endferntesten Orten miteinander, Informationen und Daten lassen sich in Sekundenbruchteilen austauschen, abrufen und verbreiten. Das Rat der Geschichte läßt sich nicht mehr zurückdrehen, ohne Computer wäre die Komplexität der Modernen Industrienazionen heute nicht aufrecht zu erhalten.

Schreiben

Zoran Drvenkar: **Niemand so stark wie wir**

Wie sollten Mutter und Vater auch erahnen, was mein Leben ausmachte, ich erzähle ja kaum von mir. Zumindest nichts, was sie aufregen konnte. Oder wo sie vielleicht sagen konnten, das und das lässt du ab jetzt sein. Mund halten war an der Tagesordnung.
Einmal kam ich nach dem Kino nach Hause.
Es war an einem Sonntag, die Nachmittagsvorstellung war um fünf vorbei gewesen, und wie ich die Wohnung betrat und Hallo sagte, fragte Mutter nett und interessiert, was ich mir denn heute im Kino angesehen hätte. Ich log sie an. Ich wollte ihr nicht erzählen, dass es ein Film über Regenwürmer gewesen war, die von einem umgestürzten Elektromast aufgeladen wurden. Wie sollte sie verstehen, dass die Regenwürmer keine andere Wahl hatten, als nach dem Elektroschock wild und tollwütig durch die Gegend zu krabbeln. Sie krochen aus der Dusche und aus den Wasserhähnen, sie krochen von überall her und knabberten jeden an, der ihnen nicht aus dem Weg ging. Was hätte Mutter davon gehalten? Über die Hälfte der Zuschauer war aus dem Kino gerannt, bevor es richtig losging. Hätte ich das meiner Mutter erzählt, wäre sie garantiert an Ort und Stelle in Ohnmacht gefallen, außerdem hätte ich Kinoverbot bekommen.
War langweilig, sagte ich und wich ihr aus.
Was gab es denn für einen Film?
Irgendwas mit Karate, sagte ich und verschwand auf mein Hochbett.

Aufgabe 31

Aus dem Text erfährst du, dass der Ich-Erzähler – er heißt Zoran – seine Mutter anlügt, um einer Diskussion aus dem Weg zu gehen. Er glaubt, dass seine Mutter nicht versteht, warum ihm Gruselfilme gefallen, und befürchtet, dass sie ihm das Kino verbietet.

31 *Schreibe dem Ich-Erzähler einen Brief. Darin sollst du*
  a) *dich zu der Notlüge äußern,*
  b) *deine Meinung zu Gruselfilmen darlegen,*
  c) *dem Ich-Erzähler Alternativen zu seinem Verhalten vorschlagen,*
  d) *ihm Argumente für ein Gespräch mit der Mutter an die Hand geben.*

> **TIPP**
> Beachte auch die sprachlichen Merkmale eines Briefes wie **Anrede** und **Grußformel** am Schluss. Schreibe auf ein **extra Blatt.**

Damit du beim Schreiben an diese Punkte denkst, kannst du dir hier Notizen machen. Sie werden später nicht bewertet.

a) _____

b) _____

c) _____

d) _____

Lernstandserhebung: „Rund ums Geld"
Leseverstehen und Reflexion über Sprache

Armut

Menschen, die weniger als einen US-Dollar pro Kopf und Tag zur Verfügung haben
Angaben in %

	1990	2001
Lateinamerika	10,9	10,0
Afrika/Subsahara	46,9	46,4
Südasien	39,7	30,4
Ostasien	33,0	16,6
Südostasien	18,4	10,2

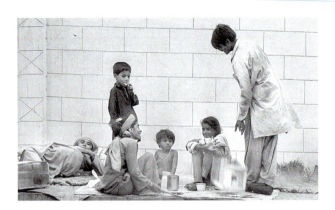

Ulrich Janssen/Ulla Steuernagel: **Warum ist Lena trotz Playstation arm?**

Dass viele Menschen durch Zufall, etwa durch Geburt, reich sind, ist leicht zu kapieren. Aber kann man auch Armut erben? Von Armut in Afrika oder Indien hat jeder schon mal gehört, aber Armut in Deutschland? Im Armutsbericht der Bundesregierung aus dem Jahr 2001 heißt es, dass das Risiko, arm zu werden, in Deutschland mit der Kinderzahl unverhältnismäßig ansteigt. Andere Berichte bestätigen das. Jeder elfte Deutsche lebt unter der Armutsgrenze. Für Kinder und Jugendliche gelten noch erschreckendere Zahlen: Von den 14 Millionen Kindern und Jugendlichen in Deutschland gelten zwei Millionen, also jeder Siebte, als arm. Bei der Hälfte dieser Kinder sind die Eltern auf Sozialhilfe angewiesen. Von Armut betroffen sind vor allem Alleinerziehende und kinderreiche Familien: 1998 waren es 30 % aller Kinder mit allein erziehenden Eltern und 20 % aller Familien mit drei und mehr Kindern. Der Satz, Kinder machen arm, ist so erschreckend wie richtig. Aber was heißt es genau, in einem reichen Land arm zu sein?

Nehmen wir die zehnjährige Lena. Sie lebt in einer deutschen Großstadt und bekommt pro Woche zwei Euro Taschengeld, das ist eigentlich nicht wenig. Sie hat einen kleinen Bruder, auf den sie aufpasst, wenn die Mutter nachmittags arbeitet. Lenas Mutter zieht die Kinder allein groß. Sie arbeitet halbtags als Verkäuferin in einer Bäckerei. Auto oder Urlaub kann sich die Familie bei rund 900 Euro Monatseinkommen nicht leisten. 300 Euro Kindergeld bekommt sie monatlich vom Staat dazu. Lena ist zufrieden mit dem, was die Familie hat. Sie freut sich darüber, dass die Mutter einen neuen Fernseher angeschafft hat, vor dem sie und ihr Bruder viel Zeit verbringen. Von ihren Cousins haben sie eine abgelegte Playstation geschenkt bekommen. [...] Auch wenn Lena sich selber nicht als arm bezeichnen würde, schließlich hat sie in der Dreizimmerwohnung sogar ihr eigenes kleines Zimmer, gehört Lenas Familie in Deutschland zu den Armen. Selbst wer ein Dach überm Kopf und genügend zu essen hat, einen Fernseher und Spielzeug, kann arm sein.

In Deutschland gilt als arm, wer als Erwachsener knapp 600 Euro im Monat zur Verfügung hat, damit weniger als die Hälfte dessen, was man im Durchschnitt hierzulande verdient. [...]

In anderen Ländern gehört man dagegen schon zu den Reichen, wenn man nur einen Dollar am Tag ausgeben kann. Kann man Armut in Deutschland überhaupt in einem Atemzug mit Armut in Afrika nennen? Beide Formen lassen sich nur schwer vergleichen. Aber gegeneinander ausspielen auch nicht. Hungernde Kinder in Afrika sollten nicht dafür herhalten müssen, die Probleme von Kindern in Deutschland zu verharmlosen.

In Deutschland ist es eher unwahrscheinlich, dass jemand an Hunger stirbt. Hier gilt als arm, wer beim allgemeinen Lebensstandard nicht mithalten kann. In Lenas Beispiel zeigt sich die Armut daran, dass die Familie sich keinen Urlaub, keinen Restaurant- oder Kinobesuch oder keine Kinderbetreuung leisten kann. Lenas Mutter muss oft nachmittags arbeiten, bei den Hausaufgaben kann sie also selten helfen. Und falls Lena sich mit dem Lernen schwertut, wird sie nicht, wie viele ihrer Mitschüler, mit Nachhilfe rechnen können. Für Kinder aus bessergestellten Familien ist das selbstverständlich. Sie haben also bei ähnlichen Fähigkeiten in der Schule die besseren Chancen. [...]

LESEVERSTEHEN UND REFLEXION ÜBER SPRACHE

Aufgaben 1–14

Warum ist Lena trotz Playstation arm?

1 *Kreuze die richtige Fortsetzung des Satzes an.*

Die Aussagen in Text und Tabelle ...

a) ☐ ... widersprechen einander.

b) ☐ ... ergänzen einander.

2 *Wie müssen die Sätze lauten? Fülle die Lücken aus.*

Der Text wirft die Frage auf, ob _____ vererbbar ist. Am Beispiel der zehnjährigen Lena wird dargestellt, dass man auch mit _____, _____ und _____ als arm gelten kann. In anderen Ländern wäre man hingegen schon reich mit einem Dollar pro _____.

3 *Treffen die folgenden Textaussagen zu? Kreuze an.*　　　trifft zu　trifft nicht zu

a) Viele Menschen sind durch Zufall reich, etwa durch Geburt.　　☐　☐

b) Im Armutsbericht der Bundesregierung von 2001 wurden erschreckende Zahlen zur Kinderarmut in Deutschland veröffentlicht.　　☐　☐

c) Zwei Millionen Kinder und Jugendliche gelten als arm.　　☐　☐

d) Es ist sehr wahrscheinlich, dass auch in Deutschland jemand an Hunger stirbt.　　☐　☐

4 *Kreuze die richtige Antwort an.*

Aus der Tabelle erfährt man, ...

a) ☐ ... wie viele Menschen arm sind.

b) ☐ ... wie viel die Menschen in armen Ländern am Tag verdienen.

c) ☐ ... dass die Armut immer größer wird.

d) ☐ ... wie viele Menschen weniger als einen Dollar pro Tag zur Verfügung haben.

5 *Treffen die folgenden Aussagen auf die Tabelle zu? Kreuze an.*　　trifft zu　trifft nicht zu

a) In Afrika und der Subsahara ist der Prozentsatz der armen Menschen am höchsten.　　☐　☐

b) Lateinamerika und Südasien weisen für 2001 die gleichen Prozentzahlen auf.　　☐　☐

c) In Ostasien hat sich die Zahl der Armen von 1990 bis 2001 ungefähr halbiert.　　☐　☐

LERNSTANDSERHEBUNG „RUND UMS GELD"

6 Die Autoren des Textes meinen, dass man in Deutschland arm sein kann, auch wenn man ein Dach über dem Kopf und genügend zu essen hat.

Welche der folgenden Aussagen kommt der Definition der Autoren von Armut in Deutschland am nächsten? Kreuze an.

Man ist arm, wenn man ...

a) ☐ ... allein erziehend ist.
b) ☐ ... kein eigenes Zimmer hat.
c) ☐ ... weniger als 900 Euro Monatseinkommen hat.
d) ☐ ... den allgemeinen Lebensstandard nicht erreicht.

7 *An welchen Stellen des Textes wird erläutert, was Armut in Deutschland bedeutet? Notiere die Zeilen.*

Zeilen: _____

8 Im Text wird davon gesprochen, dass man Armut in Afrika nicht mit Armut in Deutschland gleichsetzen kann. (Z. 42–51)

Notiere Gründe, die dafür angegeben werden.

_____
_____
_____
_____

9 In der Politik wird immer wieder darüber diskutiert, das Kindergeld zu erhöhen, um Familien zu unterstützen. Es gibt aber auch Stimmen, die es sinnvoller finden, das Geld für Kindertagesstätten, Sport- und Kultureinrichtungen und für Bildung zu verwenden.

Wenn du Politiker wärst, wofür würdest du stimmen? Kreuze an und begründe deine Meinung in mindestens zwei Sätzen.

☐ für die Erhöhung des Kindergeldes
☐ für Zuschüsse für Kinder- und Jugendeinrichtungen

Begründung: _____
_____
_____
_____
_____

10 *Trifft die folgende Aussage zu oder nicht? Kreuze an.*

Der Text ist ...	trifft zu	trifft nicht zu
... sachlich und informativ.	☐	☐

38

LESEVERSTEHEN UND REFLEXION ÜBER SPRACHE

11 Für den Text sind andere Überschriften denkbar.

Kreuze die Überschrift an, die nicht zum Text passt, und begründe deine Meinung.

a) ☐ Armut – auch in Deutschland?

b) ☐ Wenn Kinder in Deutschland arm sind

c) ☐ Aktion Playstation für Lena!

d) ☐ Erschreckend – Kinderarmut in Deutschland

Begründung: _____

_____

_____

_____

12 *Kreuze die richtige Antwort an.*

„Selbst wer ein Dach überm Kopf und genügend zu essen hat, einen Fernseher und Spielzeug, kann arm sein." (Z. 39 ff.)

Dieser Satz ist im Zusammenhang des Textes ...

a) ☐ ... eine Behauptung.

b) ☐ ... eine Frage.

c) ☐ ... ein Zitat.

d) ☐ ... eine Begründung.

13 Im Text wird die Formulierung **„in einem Atemzug"** (Z. 49) verwendet.

Erläutere mit eigenen Worten, was diese Formulierung bedeutet.

_____

_____

_____

_____

14 *Bestimme die Zeitformen der Prädikate in den folgenden Sätzen.*   **Zeitform des Prädikats**

a) Jeder elfte Deutsche **lebt** unter der Armutsgrenze.   _____

b) 1998 **waren** 30 % aller Kinder mit allein erziehenden Eltern arm.   _____

c) Von Armut in Afrika oder Indien **hat** jeder schon mal **gehört.**   _____

d) Lena **wird** nicht mit Nachhilfe **rechnen können.**   _____

Erich Kästner: **Keiner blickt dir hinter das Gesicht** (Fassung für Kleinmütige)

Niemand weiß, wie reich du bist ...
Freilich mein ich keine Wertpapiere,
keine Villen, Autos und Klaviere,
und was sonst sehr teuer ist,
5 wenn ich hier vom Reichtum referiere.

Nicht den Reichtum, den man sieht
und versteuert, will ich jetzt empfehlen.
Es gibt Werte, die kann keiner zählen,
selbst, wenn er die Wurzel zieht.
10 Und kein Dieb kann diesen Reichtum stehlen.

Die Geduld ist so ein Schatz,
oder der Humor, und auch die Güte,
und das ganze übrige Gemüte.
Denn im Herzen ist viel Platz.
15 Und es ist wie eine Wundertüte.

Arm ist nur, wer ganz vergisst,
welchen Reichtum das Gefühl verspricht.
Keiner blickt dir hinter das Gesicht.
Keiner weiß, wie reich du bist ...
20 (Und du weißt es manchmal selber nicht.)

Aufgaben 15–23

Keiner blickt dir hinter das Gesicht

15 *Kreuze die richtige Antwort an.*

In dem Gedicht von Erich Kästner geht es um ...

a) ☐ ... Reichtum, den man nicht an materiellen Werten messen kann.

b) ☐ ... einen kleinmütigen Mann, der seinen Reichtum nicht genießen kann.

c) ☐ ... die Art und Weise, wie man reich wird.

d) ☐ ... die Frage, ob man trotz Reichtum auch noch geduldig, humorvoll und gütig sein kann.

16 In Kästners Gedicht ist von inneren Werten des Menschen die Rede.
Notiere die Strophe, in der das besonders zum Ausdruck kommt.

Strophe: _____

17 *Nenne mindestens zwei der aufgeführten inneren Werte.*

_____

LESEVERSTEHEN UND REFLEXION ÜBER SPRACHE

18 Kästner sagt, dass kein Dieb den inneren Reichtum eines Menschen stehlen kann.

Was ist damit gemeint? Kreuze die richtige Antwort an.

a) ☐ Wenn jemand reich ist, dann kann ihm das keiner nehmen, denn niemand kann eine Villa stehlen.

b) ☐ Die Eigenschaften eines Menschen kann man ihm nicht wegnehmen, weil sie keine Gegenstände sind.

c) ☐ Das ist bisher noch nicht vorgekommen, also ist es unvorstellbar.

d) ☐ Die Menschen verbergen ihren Reichtum immer sehr geschickt, deshalb haben Diebe keine Chance.

19 *Treffen die folgenden Aussagen auf Kästners Gedicht zu oder nicht? Kreuze an.*

	trifft zu	trifft nicht zu
a) Wahren Reichtum erkennt man daran, ob jemand Autos, eine Villa und Wertpapiere besitzt.	☐	☐
b) Es gibt Werte, die lassen sich nicht in Zahlen ausdrücken.	☐	☐
c) Arm ist, wer seinen inneren Reichtum vergisst.	☐	☐

20 Den Titel des Gedichts „Keiner blickt dir hinter das Gesicht" hat ein Schüler folgendermaßen interpretiert:

„Mit dem Titel will Kästner ausdrücken, dass man einen reichen Menschen nicht an seinem Äußeren erkennen kann, schließlich läuft niemand mit einer Villa oder einem Klavier herum."

Was hältst du von dieser Aussage? Kreuze an und begründe deine Antwort in mindestens zwei Sätzen.

☐ Ich halte diese Aussage für richtig.   ☐ Ich halte diese Aussage für falsch.

Begründung: _____

_____

_____

_____

21 *Trifft die folgende Aussage zu oder nicht? Kreuze an.*

	trifft zu	trifft nicht zu
Das Gedicht ist in Reimen geschrieben.	☐	☐

22 Erich Kästner verwendet in seinem Gedicht viele sprachliche Bilder.

Ergänze den folgenden Satz.

Das sprachliche Bild „wie eine Wundertüte" (Z.15) nennt man _____.

23 *Was ist mit dem sprachlichen Bild „wie eine Wundertüte" gemeint? Schreibe mindestens drei Sätze.*

_____

_____

_____

_____

Walter Floote: **Der kluge Hugo**

Sie trafen sich auf dem Rummelplatz. „Mensch, Hugo!", schrie der eine durch den Lärm und die dröhnende Musik. „Wie geht's, wie steht's?"

„Guck mal an, Alfred der Einfältige!", schrie Hugo zurück. „Studierst du noch so eifrig wie vor zwanzig Jahren?"

„Nein, das ist jetzt vorbei", sagte Alfred. „Das brauchte ich ja nur für die Prüfung, damit ich als Korrespondent anfangen konnte."

Hugo schlug mit der Hand durch die Luft. „Korrespondent! Die richtig Schlauen verdienen ihr Geld auf andere Weise."

„Ich weiß", sagte Alfred demütig. „Du warst uns ja immer überlegen, schon auf der Schule. Alles wusstest du besser als wir ... Aber ich habe es trotzdem geschafft. Nach ein paar Jahren wurde ich Abteilungsleiter ..."

„Hahaha", lachte Hugo. „Abteilungsleiter! So ein besserer Name für Bürovorsteher, nicht wahr?"

Alfred lachte mit. „Na ja, von deinem hohen Standpunkt aus, da magst du wohl Recht haben. Aber so konnte ich Geld zurücklegen und machte dann einen kleinen Laden auf."

„Einen kleinen Laden!", schrie Hugo belustigt. „So ein Quatsch! In einem kleinen Geschäft kannst du zeitlebens rumkrebsen, ohne es zu etwas zu bringen."

„Bei mir hat es aber doch geklappt", sagte Alfred vergnügt. „Ich habe noch drei Läden dazugekauft und dann bin ich bei den Plutus-Werken mit eingestiegen."

Hugo röchelte vor Lachen. „So ein Trottel!", grölte er. „Bei den Plutus-Werken! Die ziehen dir als kleinem Teilhaber natürlich das Fell über die Ohren! So dumm kannst auch nur du sein. Statt froh zu sein, dass du bis hierher Glück gehabt hast."

„Du hast wie immer Recht", sagte Alfred bewundernd. „Die Gefahr bestand schon – aber jetzt bin ich Alleininhaber der Plutus-Werke."

Hugo verschluckte sich. „Dir kann keiner helfen", sagte er endlich mühsam. „Da sind die anderen also rechtzeitig abgesprungen, bevor der große Krach kommt! So was wie die Plutus-Werke, das muss doch eingehen. Schade um dein schönes Geld!" Er winkte ab. „Aber ich muss jetzt weiter. Geschäfte, Geschäfte! Immer mit Schwung, immer auf und ab, hinauf in den Himmel – zurück zur festen Erde – und wieder in den Himmel! Nur so macht mir das Leben Spaß! Adjüs!"

An der großen Schiffschaukel erwartete ihn schon der Besitzer. „Hugo, du alter Knallkopp!", brüllte er. „Wo bleibst du so lange? Ich hab dich fürs Bremsen engagiert und nicht fürs Spazierengehen. Sonst fliegste! Verstanden?!"

Hugo stolperte zum nächsten Hebel und legte sich mit seinem ganzen Gewicht drauf, und die erste Schiffschaukel stand.

Als er einmal aufblickte, sah er auf der Straße einen großen Wagen vorbeifahren, vorne ein Chauffeur, hinten Alfred in die Polster zurückgelehnt.

„Menschenskind, einen Dreiliterwagen hat er", murmelte Hugo und lachte kurz auf. „Bei den Steuern, da macht ihn der Wagen bald pleite! Da hätt ich mir was anderes angeschafft!" Und während er die nächste Schaukel zum Stehen brachte, murmelte er noch einmal kopfschüttelnd vor sich hin: „So ein Trottel ...!"

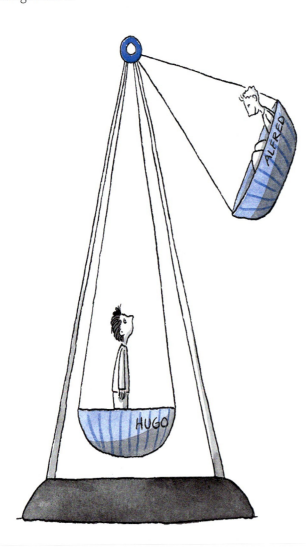

LESEVERSTEHEN UND REFLEXION ÜBER SPRACHE

Aufgaben 24–32

Der kluge Hugo

24 *Die Kurzgeschichte handelt von zwei Männern – Hugo und Alfred. Was erfährst du über ihre Beziehung zueinander? Kreuze die richtige Antwort an.*

a) ☐ Sie sind Arbeitskollegen.

b) ☐ Sie unterhalten sich über Autos.

c) ☐ Sie lernen sich gerade kennen.

d) ☐ Sie kennen sich aus der Schulzeit.

25 *Kreuze die richtige Fortsetzung des Satzes an.*

Aus dem Gespräch erfährt man, dass Alfred ...

	trifft zu	trifft nicht zu
a) ... in der Schule als „einfältig" galt.	☐	☐
b) ... im Leben sehr erfolgreich ist.	☐	☐
c) ... mit den Plutus-Werken pleitegegangen ist.	☐	☐
d) ... viel Geld verloren hat.	☐	☐

26 *Was erfährt man über das Verhältnis der beiden zueinander? Kreuze die richtige Antwort an.*

a) ☐ Alfred hat sich immer über Hugo lustig gemacht und daran hat sich bis heute nichts geändert.

b) ☐ Hugo ist neidisch auf Alfreds Erfolg und sagt ihm das auch.

c) ☐ Alfred ist im Leben sehr erfolgreich, was sich Hugo aber nicht eingestehen will.

d) ☐ Hugo bewundert Alfred, weil der so erfolgreich ist.

27 *Drei Schüler haben die folgenden Skizzen gezeichnet, um das Verhältnis zwischen Hugo und Alfred zu verdeutlichen.*

Welche der drei Skizzen trifft deiner Meinung nach die Beziehung der beiden zueinander am besten? Kreuze an und begründe deine Entscheidung.

a) ☐ Hugo ---------→ Alfred

b) ☐ Hugo ---------→ Alfred

c) ☐ Hugo --------→ ←-------- Alfred

Begründung: _____

_____

_____

_____

_____

43

LERNSTANDSERHEBUNG „RUND UMS GELD"

28 Hugo kommentiert Alfreds Äußerungen in beleidigender Weise, z. B. **„So ein Trottel!"**
Notiere drei weitere Beispiele.

_____
_____
_____

29 *Wie charakterisiert Alfred seinen alten Schulkameraden Hugo? Schreibe drei seiner Formulierungen heraus.*

_____
_____
_____

30 Oft verrät der Titel einer Geschichte schon viel über ihren Inhalt, manchmal ist es aber auch ganz anders.

a) *Was lässt die Überschrift „Der kluge Hugo" vermuten? Notiere deinen Vorschlag.*

_____
_____

b) *Wie verstehst du den Titel der Geschichte, nachdem du sie gelesen hast? Formuliere mindestens zwei Sätze.*

_____
_____
_____

31 *Unterstreiche die adverbialen Bestimmungen der Zeit (Temporaladverbiale) in den beiden folgenden Sätzen.*

a) ☐ „Nach ein paar Jahren wurde ich Abteilungsleiter ..."

b) ☐ „Als er einmal aufblickte, sah er auf der Straße einen großen Wagen vorbeifahren."

32 Ein englischer Schriftsteller hat einmal gesagt:
„Es stimmt nicht, dass Erfolg den Menschen verdirbt, indem er ihn eitel, egoistisch und selbstgefällig macht. Im Gegenteil: Meist wird der Mensch durch Misserfolg verdorben."

Ist dieser Satz deiner Meinung nach vereinbar mit der vorliegenden Kurzgeschichte? Kreuze an und begründe deine Meinung in mindestens zwei Sätzen.

Ich finde, die Geschichte ist ☐ vereinbar ☐ nicht vereinbar

mit der Auffassung des Schriftstellers, denn _____
_____
_____

Richtig schreiben

Der folgende Text weist eine Reihe von Fehlern in Rechtschreibung und Zeichensetzung auf.
Deine Aufgabe ist es, die Fehler zu finden und zu korrigieren. Der erste Satz zeigt dir, wie du vorgehen sollst.

> **TIPP**
> Wenn du unsicher bist, nutze die **Tipps zur Fehlerkorrektur** auf **Seite 18**.
> **Achtung:** Die richtig geschriebenen Wörter brauchst du nicht abzuschreiben.

33 *Schreibe das korrigierte Wort jeweils in das Kästchen unter das fehlerhafte Wort. Wenn ein Satzzeichen fehlt, setze es in das Kästchen darunter.*

Geschichte des Geldes

Ein Leben ohne Geld ist für uns Heute undenkbar . Wenn
                                                                 heute

wir plötzlich auf Banknoten und Münzgeld verziechten müßten ,

würden wir sicher wieder irgentein wertvolles , haltbares und

begertes Gut zu Geld machen . Es ist erst sechzig Jahre

her das die Bürger unseres Staates dies in form der

Zigarettenwährung der Nachkriegszeit erleben konnten . Die alten

Münzen und Banknoten des Dritten Reiches galten zwar noch ,

sie waren jedoch so gut wie werdlos . Mit Zigaretten konnte

dagegen so gut wie Alles bezahlt werden , dass Kleidungsstück wie die Kinokarte. Neben diesem fast standardisirten Zahlungsmittel galten auch andere „Währungen", z.B. Nylonstrümpfe oder alkoholische Getränke.

Die Wurzeln der Endwicklung des Geldes in unserem europäischen Kulturkreis liegen vermuhtlich im Tauschhandel, der widerum erst durch die Arbeitsteilung notwendich und auch möglich geworden war: Es stellte nicht mehr jeder alles für den Eigenbedarf notwendige selbst her sondern man erwarb fehlende Dinge mithilfe von eigenen Überschußprodukten. Der ursprünglichste Handel bestant im dierekten Tausch Ware gegen Ware oder gegen Dienstleistung. Wenn das gewünschte Objekt nicht direkt ein zu tauschen war, diente ein Gegenstant, der möglichst von allen begehrt, allgemein als wertvoll anerkant, handlich und haltbar sein sollte, als Tauschvermittler. In unserem Kulturkreis handelte es sich dabei Meistens um Metalle – Kupfer und Bronze, die für die Herstelung von Waffen und Geräten gebraucht wurden, um Edelmetalle für Schmuckherstellung oder um die Fertigprodukte selbst. Der Tauschhandel Ware gegen Ware bestand auch nach der erfindung des Müntzgeldes weiter, in beuerlichen Gegenden noch bis weit in die Neuzeit. Auch Abgaben, wie der Zehnte, wurden in Naturalien bezahlt. In Zeiten, in denen das vertrauen zum offiziellen Geld gestöhrt war, wie Inflation oder Krieg, dienten wieder wertvolle Objekte, wie Gold oder die bereits erwänten Zigaretten, als Tauschvermittler.

LERNSTANDSTEST „UMGANG MIT GELD"

SCHREIBEN

Geh von der folgenden Situation aus:
Du bist Mitglied der Redaktion eurer Schülerzeitung, die jeden Monat ein bestimmtes Thema behandelt. Jedes Mal stellt ihr ein Zitat eines berühmten Menschen vor, der sich zu diesem Thema geäußert hat. Das Motto des nächsten Heftes lautet: „Geld regiert die Welt".
Drei Zitate befinden sich in deiner Endauswahl.

> Reich zu sein, hat seine Vorteile. Man hat zwar oft genug versucht, das Gegenteil zu beweisen, doch so recht gelungen ist dies nie.
>
> *John Kenneth Galbraith*

> Wenn man genug Geld hat, stellt sich der gute Ruf ganz von selbst ein.
>
> *Erich Kästner*

> Man ist ohne Geld geboren und kann es auch nicht ins Grab mitnehmen.
>
> *Kuang Dse*

Aufgabe 34

34 *Wähle ein Zitat aus, das deiner Meinung nach das Motto „Geld regiert die Welt" besonders gut zum Ausdruck bringt.*
Schreibe dann für die anderen Redaktionsmitglieder eine ausführliche Begründung deiner Wahl.
Die Begründung soll
 a) *auf Inhalt, Bedeutung und Sprache des von dir ausgewählten Zitats eingehen,*
 b) *erklären, warum du dich für dieses Zitat entschieden hast und nicht für eins der beiden anderen,*
 c) *verdeutlichen, warum das Zitat besonders gut zum Motto „Geld regiert die Welt" passt,*
 d) *deine persönlichen Gedanken zur Aussage des Zitats enthalten.*

TIPP
Schreibe deine Begründung so, dass du die anderen Redaktionsmitglieder von deiner Wahl überzeugst. Verwende ein **extra Blatt.**

Damit du beim Schreiben an diese Punkte denkst, kannst du dir hier Notizen machen. Sie werden später nicht bewertet.

a) _____

b) _____

c) _____

d) _____

> Lernstandserhebung

Deutsch

Lösungsheft

Anforderungsstufe B
Jahrgangsstufe 8
Nordrhein-Westfalen

Cornelsen

1 Training Grundfertigkeiten

Zu Leseverstehen und Reflexion über Sprache

Sachtexte lesen und verstehen

Grundfertigkeiten üben

Seite 7

2 Im Text geht es um unterschiedliche Meinungen zum Karneval.

3 **Was** steht im Mittelpunkt? – Umfrage zum Karneval, unterschiedliche Meinungen dazu
Wo und **wann?** – in Düsseldorf, kurz vor Beginn des Karnevals
Welches ist die Hauptaussage? – Im Karneval wird ausgelassen gefeiert; nicht alle mögen den Trubel.
Wer? – Düsseldorfer Jugendliche
Wie? – Peter sieht Karneval als idealen Treffpunkt zum Flirten.
Lisa nervt es, immer von Betrunkenen angemacht zu werden.

4 Fastenzeit ist eine Zeit der Enthaltsamkeit, in der aus religiösen Gründen Fasten, also eine verminderte Nahrungsaufnahme, angesagt ist.

5 *Mögliche Zwischenüberschriften:*
Z. 1–8: Umfrage zum Karneval
Z. 9–14: Historischer Hintergrund
Z. 15–21: Positive Stimmen
Z. 22–29: Was gegen den Karneval spricht
Z. 30–35: Alternativen zum Karnevalstrubel

6 Es gibt keinen anderen Anlass, an dem ausgelassener und hemmungsloser gefeiert wird als an diesen sechs Tagen. (Z. 7–8)
Bis auf das kräftige Feiern verbinden die Leute heute meist nicht mehr viel mit dem traditionellen Karneval. (Z. 13–14)

Grundfertigkeiten anwenden

Seite 8

1 c)

2 *Folgende Wörter / Wortgruppen musst du der Reihe nach einfügen:*
Befragung, jecken Kultur, Alltag, genervt, karnevalfrei, meiden, einen DVD-Abend machen

3 a) trifft zu   b) trifft nicht zu   c) trifft nicht zu

4 a)

5 z. B.: Z. 19–21, Z. 24–27

Seite 9

6 **flirten:** positiver Begriff; scherzhafte Gesten, Blicke oder Worte; dient dazu, sich kennen zu lernen, beruht auf Gegenseitigkeit
anmachen: negativer Begriff; einseitiger, aufdringlicher und für die/den Betroffene(n) unangenehmer Annäherungsversuch; derbe, oft vulgäre Sprache

7 d)

8 *Mögliche Antworten:*
Ich stimme der Aussage von Peter zu, weil jeder, der Spaß haben will, beim Karneval Spaß haben kann. Man muss ja nicht hingehen, man entscheidet selbst, ob man an dem Trubel teilnehmen will oder nicht.
Der Meinung von Jörg möchte ich widersprechen, denn die „aufgesetzte Fröhlichkeit", von der er spricht, wird nur von ihm so wahrgenommen. Die Menschen beim Karnevalsumzug sind echt fröhlich.

LÖSUNGSTEIL

9 Umfrageergebnisse werden in Reiseführern nicht wiedergegeben. Außerdem gibt der Text u.a. Tipps, wie man den aktuell bevorstehenden Karneval umgehen kann, d.h., er ist nicht für mehrere Jahre gültig.

Tabellen und Diagramme auswerten

Grundfertigkeiten üben

Seite 10

1 Vermutungen über das Abschneiden der deutschen Mannschaft bei der Fußball-WM 2006

2 *linke Spalte:* Möglichkeiten des Abschneidens der deutschen Mannschaft
Mittelspalte: prozentuale Werte der Vermutungen der Männer
rechte Spalte: prozentuale Werte der Vermutungen der Frauen

3 Die Deutschen kommen ins Halbfinale.

4 Die Deutschen kommen ins Viertelfinale.

5 Von den Männer glauben nur 6 % daran, dass die Deutschen schon in der Vorrunde ausscheiden, bei den Frauen sind es 12 % mehr, nämlich 18 %.

6 22 % der Männer und 25 % der Frauen glauben an das Erreichen des Viertelfinals.

Seite 11

7 1. Um welches Thema geht es?
2. Welcher Sachverhalt oder welche Entwicklung wird dargestellt?
3. Welche Größen (z.B. Jahreszahlen, Prozente, Millionen) werden angegeben?
4. Zu welchem Ergebnis kommt man, wenn man die Werte miteinander vergleicht?

Seite 12

8 der durchschnittliche monatliche Nebenverdienst der 13–22-Jährigen im Jahr 2003

9 den Verdienst in Euro; Prozentzahlen, die angeben, wie viele Jugendliche den angegebenen Verdienst haben

10 Sie sind 13 bis 22 Jahre alt.

11 Den höchsten Nebenverdienst haben 8 %, den niedrigsten 56 %.

12 Ja, denn mehr als die Hälfte der Befragten hat einen Nebenverdienst von unter 200 Euro. Demgegenüber gibt es z.B. 8 % mit einem Verdienst von über 800 Euro und ebenso 8 %, die zwischen 400 und 800 Euro verdienen.

Grundfertigkeiten anwenden

Seite 13

1 trifft zu

2 c)

3 b)

4 a) trifft nicht zu   b) trifft zu   c) trifft nicht zu   d) trifft zu

5 trifft zu

6 *Mögliche Antwort:* Ja, weil der Text darauf eingeht, dass sich Kinder und Jugendliche etwas leisten wollen. Außerdem zeigt das Diagramm, über wie viel Geld sie durch das Jobben verfügen.

ERZÄHLTEXTE LESEN UND VERSTEHEN

Grundfertigkeiten üben

SEITE 14

1 **Wer** handelt? – ein Mann
Wann und **wo** spielt die Handlung? – in der heutigen Zeit; in der Wohnung des Mannes und im Treppenhaus
Was passiert? – der Mann will sich vom Nachbarn einen Hammer borgen; zweifelt plötzlich an dessen Hilfsbereitschaft; wird wütend, klingelt beim Nachbarn, schnauzt ihn an

2 Gedanken: zweifelt, dass der Nachbar ihm den Hammer borgt; unterstellt ihm, dass er Mitmenschen einen Gefallen abschlägt; hält sich selbst für hilfsbereit; beschimpft den Nachbarn in Gedanken
Handlungen: stürmt zum Nachbarn, klingelt und brüllt ihn an

3 eine pessimistische Grundeinstellung zum Leben, die oft zu selbstverschuldeten Misserfolgen führt

4 Er hat sich so sehr in seine pessimistischen Gedanken hineingesteigert, dass er die Realität nicht mehr erkennt, d.h., er vergisst, dass er den Nachbarn ja noch gar nicht um den Hammer gebeten hat.

SEITE 15

5 Anfang und Schluss: in der Er-Form, von einem allwissenden Erzähler
Mittelteil: in der Ich-Form, innerer Monolog

Grundfertigkeiten anwenden

1 c)

2 a) trifft zu   b) trifft zu   c) trifft nicht zu

3 *Mögliche Antwort:*
Der Mann hat Unrecht, weil er diese Aussage gar nicht treffen kann. Er kennt den Nachbarn kaum, vor allem weiß er nicht, ob der Nachbar ihm den Hammer verweigert hätte. Der Mann vergiftet sich selbst das Leben.

4 *Mögliche Antwort:*
Ich halte die Interpretation von Fabian für überzeugend, weil sie den Kern der Geschichte trifft: Wenn man von vornherein nicht an den Erfolg einer Sache glaubt, dann geht sie meistens auch schief.

GEDICHTE LESEN UND VERSTEHEN

Grundfertigkeiten üben

SEITE 16

1 *Mögliche Eindrücke:*
Es geht um einen Vergleich zwischen Blüten und Gedanken. Das Gedicht reimt sich. Es ist viel von Blüten die Rede.

2 Hermann Hesse: **Voll Blüten**

Voll Blüten steht der Pfirsichbaum,
Nicht jede wird zur Frucht,
Sie schimmern hell wie Rosenschaum
Durch Blau und Wolkenflucht.

Was für ein Gedicht? – Naturlyrik oder Gedankenlyrik

Wer spricht? – das lyrische Ich beim Betrachten eines blühenden Baums

Wie geschrieben? – Motivkette zum Blühen, 3 Strophen, Kreuzreim abab

Wie Blüten gehn Gedanken auf,   Vergleich

Hundert an jedem Tag –

Lass blühen! lass dem Ding den Lauf!   **Wovon** handelt das Gedicht?

Frag nicht nach dem Ertrag!   – der Mensch hat viele Ideen, nicht alle
werden verwirklicht, aber sie müssen
trotzdem gedacht werden

Es muss auch Spiel und Unschuld sein   Aufforderungen an den Leser

Und Blütenüberfluss,

Sonst wär die Welt uns viel zu klein

Und Leben kein Genuss.

3   1. Strophe:
Pfirsichblüten werden beschrieben und die Tatsache erwähnt, dass nicht aus jeder Blüte einmal ein Pfirsich wird.
2. Strophe:
Gedanken werden mit Blüten verglichen. Der Leser wird aufgerufen, seine Gedanken „blühen" zu lassen, ohne nach dem Ertrag zu fragen.
3. Strophe:
Die Aufforderung an den Leser wird damit begründet, dass im Leben viele Gedanken gebraucht werden, um die Großartigkeit der Welt und des Lebens nutzen und genießen zu können.

Seite 17

4   Sowohl Blüten als auch Gedanken fangen klein an und entwickeln sich. So wie aus einer Blüte ein Pfirsich werden kann, kann aus einem kleinen Gedanken eine große Idee bzw. die Realisierung eines Projekts werden.

5   *Mögliche Antwort:*
Man soll nicht schon vorher daran denken, ob einem eine Idee Nutzen bringt (Geld, Karriere, Anerkennung), denn sonst besteht die Gefahr, dass man die Idee gar nicht erst weiterspinnt oder aber, dass man enttäuscht ist, wenn sich der Ertrag nicht einstellt.

Grundfertigkeiten anwenden

1   b)

2   a) trifft zu   b) trifft zu   c) trifft nicht zu

3   b)

4   einen Vergleich

5   a)

Zum Schreiben

Einen Text schreiben

Seite 20

1   *Mögliche Antwort:*
Als Normalo bezeichnet man jemand, der in seinem Äußeren und in seinem Verhalten nicht auffällt, der zu keiner besonderen Gruppe dazugehören will.

LÖSUNGSTEIL

2 *Mögliche Antworten:*

Charakterisierung	Gruppe 1: Öko	Gruppe 2: Schickimicki	Gruppe 3: Hacker
Kleidung	Jeans, schlabberige Pullover, selbstgefärbte T-Shirts	nur teure Klamotten, immer neuester Schrei, jeden Tag was anderes	Hosen, die in den Kniekehlen hängen, T-Shirts
Musik	Liedermacher-Songs, Blues, Folk	Paris Hilton, Pop	elektronische Musik
Auftreten	eher ruhig, wollen einen immer überzeugen	meist zu zweit, arrogant, eingebildet	unauffällig, fachsimpeln mit anderen Hackern
politische Anschauung	grün, links, Vegetarier	keine, Hauptsache, Papa bezahlt die Kreditkarte	keine Ahnung, eher politisch uninteressiert

3 *Mögliche Antwort:*
Die Ökos werden meist nur belächelt. Von den Schickimickis gibt es nicht so viele, in unserer Gegend wohnen kaum reiche Leute. Die Hacker sind eigentlich anerkannt, weil sie dir auch mal bei einem Computerproblem helfen.

4 *Mögliche Antwort:*
Ich bin Skater. Das ist klasse, weil du überall, wo du hinkommst, mit Leuten in Kontakt treten kannst, die auch Skater sind. Da gibt es keine Anlaufschwierigkeiten, man hat sofort ein Thema, über das man sich austauschen kann.

5 *Mögliche Antwort:*
Nein, nie. Selbst wenn ich nicht mehr nur skaten würde, hätte ich bestimmt etwas anderes, was ich ganz intensiv und mit anderen Leuten zusammen machen kann.

Seite 21

6 *Möglicher Einstieg:*
Sie fallen nicht auf, reden höflich mit dem Lehrer und helfen alten Leuten über die Straße. Sie schauen dich schräg an, weil du anders bist. Sie selbst wollen normal sein und später mal ein Auto, ein Haus, einen Mann oder eine Frau und zwei Kinder haben.

7 *Mögliche These:*
Nur „normal" zu sein, reicht mir nicht aus. Zur Entwicklung der eigenen Identität gehört es einfach dazu, dass man sich vom Durchschnitt abhebt.

8 *Mögliche Ergänzungen:*
<u>Ich finde</u>, die Gruppe gibt dem Einzelnen Sicherheit, Geborgenheit und Selbstvertrauen.
<u>Für mich ist wichtig</u>, dass ich mit Leuten über Dinge reden kann, die mich interessieren, dass ich Erfahrungen austauschen kann.
<u>Folglich</u> bin ich froh über jeden, der auch Lust hat, Skater zu sein, und der so unsere Gemeinschaft stärkt.
<u>Beispielsweise</u> weiß ich immer, was ich am Wochenende tun kann, und habe nie Langeweile.
<u>Aus diesem Grund</u> empfehle ich jedem, ernsthaft zu überlegen, wer man wirklich ist und wohin es einen zieht.

9 *Möglicher Standpunkt:*
Abschließend möchte ich noch einmal betonen, dass es mir nicht darum geht, andere Leute als „normal" abzustempeln oder sie auszugrenzen. Vielmehr habe ich die persönliche Entscheidung getroffen, mich in meinem Leben von der Masse abzuheben – durch mein Aussehen, mein Hobby, meine Art zu leben.

10 *Möglicher Text:*
„Normalo" – nein danke!
Sie fallen nicht auf, reden höflich mit dem Lehrer und helfen alten Leuten über die Straße. Sie schauen dich schräg an, weil du anders bist. Sie selbst wollen normal sein und später mal ein Auto, ein Haus, einen Mann oder eine Frau und zwei Kinder haben.

Aber nur „normal" zu sein, reicht mir persönlich nicht aus. Zur Entwicklung der eigenen Identität gehört es einfach dazu, dass man sich vom Durchschnitt abhebt. Ich möchte mit anderen gemeinsam neue Wege gehen, einen eigenen Stil finden. Das geht nicht, wenn ich mich anpasse.
Ich finde es sehr gut, dass bei uns Vielfalt möglich ist. Die einen sind Ökos, andere Schickimickis, wieder andere Hacker. Mir gefällt nicht unbedingt, was die einzelnen Gruppen machen, aber ich respektiere sie. Es ist ein weit verbreitetes Vorurteil, dass sich der Einzelne innerhalb der Gruppe unterordnen muss und dass es einen Gruppenzwang gibt. Dies kann in Einzelfällen sicher vorkommen, doch habe ich das noch nie beobachtet. Außerdem denke ich, dass der Grund eher im fehlenden Selbstvertrauen zu suchen ist. Ich selbst bin Skater, innerhalb unserer Gemeinschaft kann jeder seine eigene Persönlichkeit ausleben. Sich zu einer Gruppe zugehörig zu fühlen, bedeutet für mich, die eigenen Lebensvorstellungen, Hobbys oder andere Vorlieben mit Gleichgesinnten zu teilen. An den Wochenenden treffen wir uns, skaten gemeinsam, quatschen und tauschen Erfahrungen aus. Wenn ich in eine andere Stadt fahre, finde ich als Skater sofort Anschluss, ohne dass wir uns erst gegenseitig abchecken müssen.
Abschließend möchte ich noch einmal betonen, dass es mir nicht darum geht, andere Leute als „normal" abzustempeln oder sie auszugrenzen. Vielmehr habe ich die persönliche Entscheidung getroffen, mich in meinem Leben von der Masse abzuheben – durch mein Aussehen, mein Hobby, meine Art zu leben. Mein Tipp: Geht in euch und guckt, was euch bewegt, was für ein Mensch ihr sein wollt und mit wem ihr eure Freizeit verbringen wollt.

2 Training Lernstandserhebungen

Lernstandserhebung: „Computerwelten"

Leseverstehen und Reflexion über Sprache

Seite 25

1 d)

2 a)

3 c)

4 *Mögliche Antwort:*
Es ist bisher immer der Sinn des Spiels gewesen, die Außerirdischen zu vernichten, weil sie angeblich die Menschheit bedrohen. Johnny handelt also so, wie es die Spielanleitung verlangt: Er spielt eine Rolle.

Seite 26

5 a) *Mögliche Antwort:*
Für Johnny bedeutet Spiel, dass seine Handlungen nicht wirklich sind, d.h., dass sein Schießen keine Folgen hat.
b) *Mögliche Antwort:*
Für die Außerirdischen scheint es kein Spiel zu geben, für sie ist der Kampf real.

6 a) „<u>In dem Handbuch</u> stand aber nichts von Botschaften." (Lokalbestimmung)
b) „Er spielte <u>den ganzen Abend</u> nicht mehr." (Temporalbestimmung)

7 Der taucht immer als Letzter auf, aber wenn man ihn als Ersten ins Visier nimmt, haben die anderen genug Zeit zum Wenden, und dann wird man zur Zielscheibe von allen dreien.

8 a) *Mögliche Antworten:*
drückt auf Pause; schlägt im Handbuch nach; feuert noch mal den Laser ab
b) *Mögliche Antworten:*
„Wir wollen nicht sterben!"; „Wir ergeben uns."; „Nicht schießen."

LÖSUNGSTEIL

Seite 27

9 b)

10 b)

11 a)

12 *Mögliche Aspekte:*
Computerspiele nennen, die man selbst spielt; beschreiben, wie man sich beim Spielen fühlt; die Stimmung beschreiben, in der man sich nach sog. Ballerspielen befindet; Argumente für oder gegen Abschießspiele nennen (Möglichkeit zum Abreagieren, Training von Reaktionsschnelligkeit bzw. Aggressionsaufbau, Abstumpfung gegenüber Gewalt)

Seite 29

13 Die Unterzeile bezieht sich auf die Abschnitte 2 und 5 des Artikels.

14 a)

15 a) trifft zu   b) trifft nicht zu   c) trifft zu

16 Zeile 28–30: „Am 26. April 2002 überfiel der 19-jährige Robert Steinhäuser bewaffnet sein ehemaliges Gymnasium in Erfurt, erschoss 16 Menschen und sich selbst."

17 d)

18 b)

Seite 30

19 *Mögliche Antworten:*
Gründe für das Verbot: Die Zahl der Ego-Shooter-Spieler würde sich stark verringern. Viele Kinder würden diese brutalen Computerspiele erst gar nicht kennen lernen. Auch wenn nicht jeder Spieler Amok läuft, einer ist schon zu viel.
Gründe gegen das Verbot: Ein Verbot würde diese Spiele nur noch interessanter machen. Außerdem gibt es immer Wege, sie sich heimlich zu beschaffen. Das führt dazu, dass man keine öffentliche Kontrolle mehr hat. Es gibt keinen Grund für das Verbot, weil ein Zusammenhang zwischen Spiel und Gewaltbereitschaft nicht wissenschaftlich nachgewiesen ist.

20 Ich wähle die Stellungnahme von Paul aus, weil er das Thema des Artikels ernsthaft reflektiert. Er erwähnt z.B. die Gefahr, die von gewalttätigen Computerspielen ausgehen kann, und die Möglichkeit, solche Spiele offiziell zu verbieten.
(Lisa gibt lediglich ihre eigene Meinung über Computerspiele wieder, ohne auf den Artikel einzugehen. Edgar kommentiert undifferenziert nur einen Aspekt des Artikels.)

21 b)

22 b)

Seite 31

23 a)

24 a) Rena
b) 22 Jahre
c) Computerexpertin
d) cool und welterfahren

25 a) trifft zu   b) trifft nicht zu   c) trifft zu   d) trifft nicht zu

Seite 32

26 welterfahren: jemand, der sich gut auskennt in der Welt und mit den Anforderungen des Lebens, der selbstsicher auftritt und über vieles Bescheid weiß
kokettieren: hat eine ähnliche Bedeutung wie „flirten", aber es steckt mehr Absicht dahinter; man will interessant sein und anderen gefallen

27 *Mögliche Antwort:*
Man könnte vermuten, Serena hat Probleme in ihrem Leben und will durch das Chatten ein wenig davor fliehen. Der Schein hat für sie den Vorteil, nicht verantwortlich zu sein, sondern einfach mal aussteigen zu können. Man hat aber auch das Gefühl, dass das für Serena keine ernste Gefahr ist, sondern dass sie erkennt, wann aus Schein wieder Sein werden sollte.

28 c)

29 *Mögliche Antwort:*
Nein, sie soll ihren Kindern das Chatten nicht verbieten. Ein Verbot löst das Problem nicht, sondern macht es schlimmer. Wenn die Kinder dann heimlich chatten, hat die Mutter gar keine Kontrolle mehr. Vielmehr sollte die Mutter ihren Kindern die Chatregeln beibringen, dass man z.B. niemandem, den man nicht kennt, seine Adresse verrät. Bei einem offenen Verhältnis haben die Kinder dann auch Vertrauen, zu ihrer Mutter zu gehen, wenn es wirklich mal ein Problem gibt.

RICHTIG SCHREIBEN

SEITE 33–34

30 *So ist der Text richtig geschrieben. Die Korrekturen sind unterstrichen:*

Computer ist ein lateinisch-englisches Wort, es bedeutet so viel wie <u>Rechenmaschine</u>. Im ausgehenden <u>Mittelalter</u> und in der <u>frühen</u> Neuzeit war das Wort „Computer" eine Berufsbezeichnung für Menschen, die sehr <u>komplizierte</u> und langwierige <u>Berechnungen</u> <u>durchführten</u>, etwa für Astronomen. Später <u>nannte</u> man die Arbeiter, die die <u>mechanischen</u> Rechenmaschinen <u>bedienten</u>, Computer. Heute bezeichnet man mit dem Wort eine Maschine, die mithilfe eines <u>Programms</u> Daten <u>verarbeitet</u>. Längst steuern diese Rechenmaschinen unsere Flugzeuge, Autos und <u>Fotoapparate</u>, und auf den <u>meisten</u> Schreibtischen steht ein PC. Computer sind aus Beruf, <u>Alltag</u> und Freizeit nicht mehr <u>wegzudenken</u>. Sie stehen in Betrieben, Büros, in Kinder- und Wohnzimmern. Computer sind zentrale <u>Werkzeuge</u> der Wissenschaft, <u>Technik</u> und Medizin, aber sie spielen auch eine zentrale Rolle bei militärischen Auseinandersetzungen und in Kriegen. In Friedenszeiten simulieren sie komplexe klimatische Veränderungen und helfen so, Naturkatastrophen <u>frühzeitig</u> zu erkennen. Die <u>größte</u> Bedeutung hat der Computer heute in der <u>zwischenmenschlichen</u> Kommunikation. Internet und E-Mail verbinden Menschen an den <u>entferntesten</u> Orten miteinander, Informationen und Daten lassen sich in Sekundenbruchteilen austauschen, abrufen und verbreiten.
Das <u>Rad</u> der Geschichte <u>lässt</u> sich nicht mehr zurückdrehen, ohne Computer wäre die Komplexität der <u>modernen</u> <u>Industrienationen</u> heute nicht <u>aufrechtzuerhalten</u>.

SCHREIBEN

SEITE 35

31 *Möglicher Brief:*

Lieber Zoran,

das Gefühl kenne ich. Einerseits will man seine Eltern nicht belügen, andererseits weiß man ganz genau, dass sie nicht verstehen, wie man sich mutierte Regenwürmer angucken kann. Sie begreifen einfach nicht, dass es manchmal klasse ist, sich zu ekeln. So ein bisschen gruseln ist doch nicht schlimm. Im Gegenteil, es ist total aufregend, wenn das Herz klopft und man fast vergisst zu atmen. Aber das weißt du ja alles selbst. Du weißt nur nicht, wie du aus der Zwickmühle rauskommst, stimmt's? Eine Lüge ist jedenfalls keine Lösung, selbst wenn es nur eine Notlüge ist. Am Ende kommt doch alles raus, und dann kannst du es vergessen, noch vernünftig mit den Erwachsenen reden zu wollen.
Also ich habe das ganz anders gelöst. Ich bin zu meiner Mum gegangen und habe ihr erzählt, dass wir im Deutschunterricht durchgenommen haben, wie ein Film entsteht. Und dass die Angst in Horrorfilmen oft nur durch die dramatische Musik hervorgerufen wird und dadurch, dass man die

ganze Zeit nur ahnt, gleich kommt was Schreckliches. Und wenn doch mal was Ekliges kommt, dann ist das nur Honig oder Ketchup. Erst hat sie das Gesicht verzogen, aber dann hat sie gelacht. Und meine Mutter ist wirklich empfindlich, für die ist schon das „Gespenst von Canterville" ein Horrorfilm. Ich habe sie auch daran erinnert, dass sie mir früher immer Märchen vorgelesen hat, die mit ihren Hexenverbrennungen auch nicht gerade ungruselig sind. Und dann habe ich behauptet, ihre Erzählungen von Feuer speienden Drachen hätten mich abgehärtet. Das hat sie zwar nicht geglaubt, aber wir haben uns darauf geeinigt, dass ich mir Gruselfilme angucken darf, solange sie nicht gewalttätig sind. Das fand ich okay. Also, probier es doch mal aus! Und dann schreib mir, wie es gelaufen ist.

Tschüss

Fabian

Lernstandserhebung: „Rund ums Geld"

Leseverstehen und Reflexion über Sprache

Seite 37

1 b)

2 *Diese Wörter musst du der Reihe nach in die Sätze einfügen:*
Armut, einer Playstation, einem Fernseher, einem eigenen Zimmer, Tag

3 a) trifft zu   b) trifft zu   c) trifft zu   d) trifft nicht zu

4 d)

5 a) trifft zu   b) trifft nicht zu   c) trifft zu

Seite 38

6 d)

7 Zeilen: 42–45, 56–61

8 In Afrika ist man schon reich, wenn man einen Dollar pro Tag zur Verfügung hat. In Deutschland gilt man dagegen als arm, wenn man sich z.B. Urlaub oder Bildung nicht leisten kann. Aber nur weil hungernde Kinder in Afrika bedürftiger erscheinen, darf man Probleme in Deutschland nicht verharmlosen.

9 *Mögliche Antworten:*
Begründung für Erhöhung des Kindergeldes: Die Familien können selbstständig über die Verwendung des Geldes entscheiden. Nicht jedes Kind geht in die Kita oder treibt Sport.
Begründung für Zuschüsse für Kinder- und Jugendeinrichtungen: So kann Missbrauch verhindert werden. Das Geld wird tatsächlich für Dinge ausgegeben, die Kindern zugutekommen.

10 trifft zu

Seite 39

11 c)
Mögliche Begründung:
Diese Überschrift erweckt den Eindruck, dass Lena keine Playstation hat und dass es eine Spendenaktion zugunsten einer Playstation für Lena gibt. Im Text geht es jedoch darum, dass Lena zwar eine Playstation besitzt, aber trotzdem als arm gilt.

12 a)

13 *Mögliche Antwort:*
Mit dieser Formulierung wird hier die Frage gestellt, ob es richtig ist, Armut in Deutschland in engem Zusammenhang, d.h. fast gleichzeitig, mit Armut in Afrika zu nennen. Damit wird der Eindruck erweckt, dass Armut in Deutschland und in Afrika vergleichbar wären.

14 a) Präsens b) Präteritum c) Perfekt d) Futur I

Seite 40

15 a)

16 Strophe: 3

17 *Mögliche Antworten:* Geduld, Humor, Güte

Seite 41

18 b)

19 a) trifft nicht zu b) trifft zu c) trifft zu

20 *Mögliche Begründung:*
Ich halte diese Aussage für falsch. Es geht Kästner um den inneren Reichtum eines Menschen, den man nicht an äußerlichen, d.h. materiellen Dingen erkennen kann. Im Titel steckt auch ein bisschen Wehmut darüber, dass Menschen oft nicht genau hingucken und deshalb nicht erkennen, was ein Mensch wirklich in sich trägt.

21 trifft zu

22 einen Vergleich

23 *Mögliche Antwort:*
In einer Wundertüte stecken schöne und überraschende Dinge, von denen man erst dann erfährt, wenn man hineinschaut. Genauso verhält es sich mit dem Herzen eines Menschen. Man muss hineinschauen, um zu erfahren, welche schönen und überraschenden Wesenszüge ein Mensch hat.

Seite 43

24 d)

25 a) trifft zu b) trifft zu c) trifft nicht zu d) trifft nicht zu

26 c)

27 b) *Mögliche Begründung:*
Hugo blickt auch noch nach zwanzig Jahren auf Alfred herab, obwohl dieser viel erfolgreicher im Leben ist als er. Aber das will sich Hugo nicht eingestehen.

Seite 44

28 *Mögliche Beispiele:*
„Die richtig Schlauen verdienen ihr Geld auf andere Weise." „So ein Quatsch!" „So dumm kannst auch nur du sein." „Dir kann keiner helfen."

29 *Mögliche Beispiele:*
„Du warst uns ja immer überlegen." „Alles wusstest du besser als wir." Na ja, von deinem hohen Standpunkt aus, da magst du wohl Recht haben." „Du hast wie immer Recht."

30 a) *Mögliche Antwort:*
Man denkt, dass es sich um eine Geschichte über einen cleveren Typen handelt.
b) *Mögliche Antwort:*
Der Titel ist ironisch gemeint, denn Hugo hält sich zwar für klug und will alles besser wissen, aber keine seiner Einschätzungen hat sich bewahrheitet. Alfred ist weder ein Bürovorsteher noch ein kleiner Teilhaber der Plutus-Werke geblieben.

31 a) „<u>Nach ein paar Jahren</u> wurde ich Abteilungsleiter ..."
b) „<u>Als er einmal aufblickte,</u> sah er auf der Straße einen großen Wagen vorbeifahren."

32 *Mögliche Antwort:*
Ich finde, die Geschichte ist vereinbar mit der Auffassung des Schriftstellers, denn der erfolgreiche Alfred prahlt nicht mit dem, was er erreicht hat, sondern äußert sich bescheiden und zurückhaltend.

Hugo hingegen, der nur als Hilfskraft auf dem Rummel arbeitet, hält sich noch immer für den Schlaueren, obwohl er den Erfolg des anderen sieht.

Richtig schreiben

Seite 45–47

33 *So ist der Text richtig geschrieben. Die Korrekturen sind unterstrichen:*

Ein Leben ohne Geld ist für uns heute undenkbar. Wenn wir plötzlich auf Banknoten und Münzgeld verzichten müssten, würden wir sicher wieder irgendein wertvolles, haltbares und begehrtes Gut zu Geld machen. Es ist erst sechzig Jahre her, dass die Bürger unseres Staates dies in Form der Zigarettenwährung der Nachkriegszeit erleben konnten. Die alten Münzen und Banknoten des Dritten Reiches galten zwar noch, sie waren jedoch so gut wie wertlos. Mit Zigaretten konnte dagegen so gut wie alles bezahlt werden, das Kleidungsstück wie die Kinokarte. Neben diesem fast standardisierten Zahlungsmittel galten auch andere „Währungen", wie Nylonstrümpfe oder alkoholische Getränke. Die Wurzeln der Entwicklung des Geldes in unserem europäischen Kulturkreis liegen vermutlich im Tauschhandel, der wiederum erst durch die Arbeitsteilung notwendig und auch möglich geworden war: Es stellte nicht mehr jeder alles für den Eigenbedarf Notwendige selbst her, sondern man erwarb fehlende Dinge mithilfe von eigenen Überschussprodukten. Der ursprünglichste Handel bestand im direkten Tausch Ware gegen Ware oder gegen Dienstleistung. Wenn das gewünschte Objekt nicht direkt einzutauschen war, diente ein Gegenstand, der möglichst von allen begehrt, allgemein als wertvoll anerkannt, handlich und haltbar sein sollte, als Tauschvermittler. In unserem Kulturkreis handelte es sich dabei meistens um Metalle – Kupfer und Bronze, die für die Herstellung von Waffen und Geräten gebraucht wurden, um Edelmetalle für Schmuckherstellung oder um die Fertigprodukte selbst.
Der Tauschhandel Ware gegen Ware bestand auch nach der Erfindung des Münzgeldes weiter, in bäuerlichen Gegenden noch bis weit in die Neuzeit. Auch Abgaben, wie der Zehnte, wurden in Naturalien bezahlt. In Zeiten, in denen das Vertrauen zum offiziellen Geld gestört war, wie Inflation oder Krieg, dienten wieder wertvolle Objekte, wie Gold oder die bereits erwähnten Zigaretten, als Tauschvermittler.

Schreiben

Seite 48

34 *Mögliche Begründung:*

„Geld regiert die Welt" – dieser Meinung scheint auch der Amerikaner John Kenneth Galbraith zu sein, wenn er sagt: „Reich zu sein, hat seine Vorteile. Man hat zwar oft genug versucht, das Gegenteil zu beweisen, doch so recht gelungen ist dies nie." Dieses Zitat beinhaltet zweierlei: Zum einen ist davon die Rede, dass Reichtum Vorteile bringt, d.h., mithilfe von viel Geld kann man vorankommen, man kann die Welt regieren bzw. beherrschen. Zum anderen steckt in der Aussage ein Gegenargument zu den bekannten Aussprüchen, dass Geld allein nicht glücklich macht oder dass so mancher Reiche arm dran ist. Wenn man das Zitat liest, bekommt man den Eindruck, dass es augenzwinkernd gemeint ist. Denn natürlich erwartet man eher, dass Armut als edel und gut und Reichtum als unmoralisch und böse betrachtet wird. Aber wir leben in der Realität und nicht im Märchen, wo das Gute über das Böse siegt. Der Autor dieses Zitats hat das erkannt und den Mut gehabt, es auszusprechen.
Erich Kästners Ausspruch, der satirisch gemeint ist, zielt hingegen auf die Falschheit der Menschen ab, die sich nicht trauen, die Taten eines Reichen als unmoralisch zu bewerten. Auch die chinesische Weisheit von Kuang Dse trifft nicht den Kern unseres Mottos. Sie ist eher ein Ratschlag an den Einzelnen, Geld nicht zu hoch zu bewerten.
Das Zitat von Galbraith ist vielschichtiger und verweist auf die Möglichkeiten, die Reichtum bietet. Daher halte ich es für sehr geeignet, in unserem nächsten Heft näher beleuchtet zu werden. Mir persönlich gefällt zudem, dass es provozierend ist. Denn moralisch ist der Ausspruch nicht.